탁구 지도법

Teaching Guidelines for Table Tennis

탁구 지도법

Teaching Guidelines for Table Tennis

지은이 탁은정
감수 박순문(호남대학교)
발행일 2025년 11월 11일 발행인 김정겸
펴낸곳 충남대학교출판문화원 주소 대전광역시 유성구 대학로 99
전화 042-821-6045 홈페이지 http://www.cnupress.co.kr E-mail cnupress@cnu.ac.kr

ISBN 979-11-6503-323-1 93690
정가 15,000원

Teaching
Guidelines
for Table Tennis

탁구 지도법

탁은정

충남대학교출판문화원

머리말

탁구는 좁은 공간에서도 가능하며 과격하지 않은 운동이라 할 수 있다. 그러다보니 남녀노소 누구나 좋아하고 즐겨할 수 있는 스포츠이다. 대학에서는 교양체육으로서 또 체육전공자들에게는 실기 과목으로서 인기가 많은 강좌이기도 하다. 최근에는 일반인들도 탁구를 전문적이면서 체계적으로 배우기를 희망한다. 과거에 비해 수많은 자료와 정보들이 넘쳐나 탁구를 적극적으로 배우기에 환경이 좋아졌다 할 수 있다. 반면 그렇지 못한 정보들 또한 넘쳐나는 가운데 탁구를 배우는 대상자에게 혼란을 주기도 한다. 탁구지도법 책을 기획한 의도는 탁구를 가르치고 배우는 현장에서 올바른 탁구 지침서로서의 자료를 제공하고자 집필을 기획하게 되었다.

또 탁구 스포츠 지도사 심사위원을 맡아오면서 지원자들에게 필요한 것이 무엇인지 정확히 알 수 있었다. 스포츠 지도사 시험 외에도 중등 체육 임용 실기에도 안에 탁구 종목에 있어 시험을 준비하는 대상들에게 탁구 이론과 실기에 대한 설명들이 도움이 되길 바라는 마음으로 신중하게 작성하였다. 책 제목을 정하기까지 많은 제목들을 떠올렸다. 최종적으로 탁구 지도법이란 제목을 선택한 이유는 올바른 지도법으로 대상자를 가르치길 바라는 마음에서 택하게 되었다. 어느 학문이든 내가 잘하는 것과 잘 가르치는 지도법은 다르다고 생각하기 때문이다. 교수자가 올바른 지식으로 지도해야 하며 변화하는 것들을 받아들이고 끊임없이 고민해보자는 취지에서이다.

탁구 지도법에서는 탁구의 모든 기술들을 다루게 되는데 단계별로 배워야 할 기술들을 상세하고 이해하기 쉽게 작성하였다. 글만으로 부족한 표현들은 선수의 동작 사진을 첨부하여 독자들의 이해를 도울 수 있도록 노력을 기울였다. 또 필자가 선수시절 배우며 느꼈던 고충들과 지도자로서 선수와 학생들을 지도하면서 습득한 노하우 등을 수록하여 미력하지만 독자들의 궁금증을 해소시키는데 도움을 주고자 한다.

Contents

chapter 01 탁구의 개요 / 13

1. 탁구의 기원 …13
2. 한국탁구의 역사 …16
3. 시설 및 용구 …19

chapter 02 기본자세 / 27

1. 전형선택 및 그립 …29
2. 탁구의 기본자세 …40

chapter 03 기본기술 / 45

1. 포핸드 롱(forehand long) …45
2. 백핸드 롱(Back hand long) …48
3. 풋워크(Foot Work) …50
4. 불규칙(Random) …56
5. 커트(Cut) …59

chapter 04 응용기술 / 67

1. 서브(Serve) …67
2. 리시브(Receive) …79
3. 스매시(Smash) …88
4. 드라이브(Drive) …91
5. 블로킹(blocking) …104
6. 플릭(Flick) …107
7. 로빙(lobbing) …109

chapter 05 탁구경기 / 115

1. 경기방법 …115
2. 복식경기 방법 …116
3. 득점하는 방법 …118
4. 렛이 선언되는 경우 …119
5. 애매한 경우 …119

- 스포츠 지도사 구술시험 예상문제 / 123
- 참고문헌 / 129

탁구의 변천사

국외

1800	중세 영국의 헨리 8세가 고안한 론테니스(Lawn Tennis)로부터 파생되었을 것으로 추측한다.
1890	영국의 포스터(David Foster)에 의해 팔로어 테이블 게임(Parlour Table Games)이 고안되었으며, 이를 플레이하기 시작했다.
1980	영국의 제임스 깁(James Gibb)에 의해 고시마(Gossima)가 고안되었으며, 이를 플레이하기 시작했다.
1980	Slazenger가 위프와프(Whiff-Waff)라는 게임을 고안하여 특허를 받고 상품화하였다.
1898	제임스 깁(James Gibb)이 미국에 갔을 때 장난감으로 활용되던 셀룰로이드 공에서 힌트를 얻어 처음으로 셀룰로이드 공을 사용하기 시작했다. 이때 만들어진 네트와 라켓은 현재의 규격과 거의 흡사한 규격을 갖추고 있다.
1984	게임의 명칭이 'Ping Pong'으로 불리어지기 시작했다. 제임스 깁(James Gibb)이 가져다 적용한 셀룰로이드 공이 라켓에 부딪히면서 '핑퐁'하는 소리가 났다 해서 핑퐁이라 불리게 되었다.
1901	잉글랜드 핑퐁협회가 창립되면서부터 탁구가 하나의 스포츠로 인식되기 시작했다.
1902	러버라켓(Rubber Racket)이 출현하였다. 기존의 벤죠 라켓과 달리 화려한 타구 기술들을 선보일 수 있어 관중들의 마음을 사로잡았다.
1924	탁구 공식룰(The Official Laws Table Tennis)을 제작 발표한다. 영국인 몬태규는 탁구 공식룰을 발표하며 탁구경기 방법, 기술, 현황을 기술한 'Table Tennis To-day'라는 최초의 탁구 서적을 발간했다.
1924	유럽의 선교사들에 의해서 또는 서구 문물을 빠르게 받아들였던 일본에 의해 한국에 도입되었을 것으로 추측한다.

국내

1924	경성일일신문사 주최의 핑퐁경기대회를 한국 최초의 경기로 보고 있다.
1928	우리가 직접 주최가 되어 개최한 경기는 YMCA 체육관에서 열린 제1회 조선탁구대회이다.
1926	국제탁구연맹(ITTF)이 조직되어 공식적으로 출범하였다. 이 시기 핑퐁협회가 소멸되고 탁구협회로 병합되었다.
1927	국제탁구연맹은 최초로 세계챔피언십을 최초로 개최하였다.
1945	광복 이후 조선탁구협회가 발족되었다.
1947	대한탁구협회로 개칭하여 활동하기 시작한다.
1950	국제탁구연맹과 아시아탁구연맹의 회원국으로 가맹하였다.
1952	첫 국제대회에 출전한 것은 싱가폴에서 열린 제1회 아시아탁구선수권대회이다.
1956	세계무대에 첫발을 내딛은 것은 일본 동경에서 열린 제23회 세계탁구선수권대회이다.
1973	유고슬라비아의 사라예보에서 개최된 제32회 세계탁구 선수권대회에서 대한민국 여자팀이 단체전에서 구기종목 사상 최초로 정상에 올랐다.
1988	서울 올림픽에서 올림픽 정식종목으로 채택되었다. 이때 남자 개인 단식에서 금메달, 남자 개인복식에서 동메달, 여자 개인 복식에서 금메달을 따내 한국 탁구 역사에 길이 남을 기록을 남겼다.
1991	스포츠 사상 처음으로 남·북 탁구 단일팀을 구성하여 출전했다. '코리아'라는 명칭으로 제41회 세계대회에 출전하여 여자 단체에서 우승을 하였다. 한국 탁구가 남·북 스포츠 역사에 큰 업적을 남기기도 하였다.

Chapter 01

탁구의 개요

Chapter 01
탁구의 개요

1. 탁구의 기원

탁구의 기원이나 역사에 관한 정확한 근거자료를 찾아보기가 힘들다. 공식적인 채널에서도 제각기 다른 정보들을 제공하고 있어 대중들에게 혼란을 주고 있다. 그 이유는 1800년대 말부터 유럽을 중심으로 한 1 · 2차 세계대전을 거치면서 그것을 기록한 명확한 근거자료가 남아있지 않기 때문이다.

탁구의 시작은 중세 영국에서 고안된 테니스에서부터 파생된 것으로 추측할 수 있으며, 탁구와 유사한 형태로 행해진 것은 1800년대 말부터라고 할 수 있다(채한승, 2011). 분명한 것은 탁구와 배드민턴은 론 테니스가 인기를 얻은 이후 개발되었다는 것이다.

미국의 Singer에 의해 개발된 론 테니스 게임(출처 ITTF)

탁구의 기원은 현재 나와 있는 많은 자료들을 살펴본 결과 크게 두 가지 설로 나뉘고 있다.

첫째, 프랑스의 왕족이나 귀족 등 상류층들이 무료함을 달래기 위해 가죽으로 된 공을 주고받던 유희로서의 활동
둘째, 영국인들이 덥고 습한 기후에 실내에서 론 테니스를 즐길 목적으로 고안해낸 활동

이 두 가지 설의 공통점은 실내에서 테니스와 유사한 방법으로 행해졌다는 것이다.

그동안은 테니스의 유사 방법으로 진행되었다면 탁구로서의 시작을 뒷받침해줄 만한 첫 번째 기록은 1879년 영국 케임브리지 대학에서 발견된 포스터의 규칙이라는 자료이다. 테이블 중앙에 네트 대신 책과 같은 것으로 장애물을 설치하고 샴페인 코르크를 가지고 경기했다고 기록하고 있다. 또 테이블 위의 테니스를 언급하는 등 3가지 규칙이 기록된 포스터의 규칙(Foster's rules)을 만들어 특허를 받았다고 기록되어 있다(출처 ITTF). 오늘날의 탁구 경기가 완성되기까지 많은 유사 게임들을 고안해내고 수정 보완을 거쳐 오늘날의 탁구 경기가 완성되었다 할 수 있다. 이처럼 테니스의 축소된 실내게임과 관련하여 여러 가지 게임들이 개발되기 시작했다.

팔로어 테이블 게임 세트(출처 ITTF Museum)

가장 첫 번째로 발명된 게임은 팔로어 테이블 게임이다. 1890년경 영국의 David Foster가 고안하여 만든 팔로어 테이블 게임의 사진을 보면 오늘날의 탁구대와 아주 유사한 형태였다는 것을 알 수 있다.

다음으로 등장한 게임은 영국의 바크(Emma Barker)가 고안한 실내테니스(Indoor Tennis)라는 게임 세트는 영국에서 고안되었으나 미국에서 454,700번으로 특허를 받아냈다(ITTF Museum, 2010).

세 번째로 제임스 깁(James Gibb)이 고안하여 만든 고시마(gossima)이다. 테이블 중앙에 네트를 치고 넘어오는 공을 쳤으며 미스(miss)했을 때 벌점이 부과되는 형식으로 경기를 했

다고 한다. 이 벌점의 합산은 21점이 되면 한 게임이 종료되는 것으로 룰을 정한 게임이었다(Tyler, 1975). 이 21점 경기방식은 계속 이어져오다 2001년 11점 경기방식으로 바뀌게 된다.

고시마(Gossima)

고시마는 제임스 깁이 고안하고 작스(John Jaques & Sons)라는 회사에서 테이블 중앙에 30cm 높이의 천으로 만든 네트를 설치하여 치고 직경 50mm의 딤플패턴을 가진 코르크볼을 사용해 드럼 스타일의 라켓으로 플레이 하는 게임이었다.(출처 ITTF)

그 외에도 위프와프(Whiff-shaff), 프림프람이 등장하였는데 볼의 바운드가 규칙적이지 못하다는 단점 때문에 대중화에 성공하지 못하였다.

이전에 사용하던 고무공과 코르크 공은 너무 거칠게 튀어 올라 대중의 흥미를 떨어트리는 원인이 되기도 했는데 1890년대 말 셀룰로이드 볼을 사용하기 시작하면서 급물살을 타며 대중화의 길로 들어서기 시작한다.

셀룰로이드 볼은 제임스 깁이 1898년 미국에 갔을 때 어린이 장난감에 사용되던 셀룰로이드 공에 힌트를 얻어 귀국 후 이 공을 사용하게 되었다. 이 셀룰로이드 공이 벤죠라켓에 부딪히면 '핑 퐁' 소리가 났고 이 소리를 본 따 명칭을 'Ping Pong'으로 불리게 되었다(대한체육회, 1984).

탁구의 인기가 식어갈 무렵 고무를 붙인 러버 라켓(Rubber Rocket)이 출현하면서 그동안 볼 수 없었던 화려한 기술들이 관중들을 사로잡았다. 나무 라켓 또는 가죽이 덧대어진 벤죠라켓으로는 불가능했던 회전이 가능했기 때문이다. 러버의 마찰력을 이용한 다양한 기술들을 구사하면서 관중들의 마음을 사로잡게 되었다. 그 러버라켓을 비밀병기로 사용한 최초의 선수는 브롬필드이다.

1890년 스트링 라켓	1902년 유화가 그려진 라켓	1902년 우드라켓	1902년 드럼라켓	1902년 가죽트리밍 드럼라켓	1902년 스웨이드 코르크 라켓

초창기 탁구라켓 종류 (출처 ITTF Museum)

2. 한국탁구의 역사

한국에 탁구가 도입된 경로는 유럽 서구의 선교사들에 의해서 소개되었거나 또는 서구의 문물을 빠르게 받아들였던 일본에 의해 한일합방[1] 전후로 도입되었을 것으로 추측하고 있다.

탁구와 먼 얘기 같지만 한일합방이 이루어질 시점에 탁구가 도입되었을 것으로 추측하고 있으니 그 시대적 분위기에 대해 잠시 이야기해보도록 하겠다. 스포츠로 읽는 한국사 『스포츠 코리아 판타지』[2]라는 책에는 이렇게 기록되어 있다.

당시 미국의 한 영사가 조선의 고위 관료들에게 테니스를 보여주고 스포츠의 즐거움을 일깨워주려 하였으나 뛰는 것 자체를 상스럽게 생각하던 고위 관료의 반응은 "아랫것들 시키지 왜 직접뛰어 다니시오?"라는 반응이었다고 한다. 워낙 먹을것이 궁한 시절이라 "배꺼진다. 뛰지 말아라" 채근할 정도였다. 또 끼니 걱정 없었던 양반들조차 뛰는 것 자체를 의아해하고 천하게 여겼기던 시절이었다"라고 서술하고 있으니 먹고사는 것 외에 스포츠에 대한 이해와 관심조차 없었을 것으로 생각된다. 또 테니스가 이러한 경로로 조

1 한일합방: 1910년에 일제가 한일 병합 조약에 따라 우리나라의 통치권을 빼앗고 식민지로 삼은 일
2 스포츠 코리아 판타지(개마고원)

선에 소개되었듯이 탁구 또한 그러한 경로로 도입되었을 것으로 추측한다.

탁구도 소수 계층의 유희로 시작해서 일반인들도 할 수 있는 대중적 스포츠로 보급되기 시작했다. 대한탁구협회의 기록에 의하면 1924년 경성일일신문사[3]에서 주최했던 "핑퐁경기대회"를 한국 최초의 탁구경기의 시작으로 보고 있다. 그 대회를 기점으로 대중적인 스포츠로 보급되기 시작하면서 많은 대회들이 개최되었다. 또 일본식 연식공을 사용해오다가 1936년부터 경구식볼로 바뀌면서 기술개선이 이루어지기 시작한다.

일제강점기 시기에 탁구가 도입되었기 때문에 경기에 참가한 선수들은 알게 모르게 많은 설움이 있었을 것이다. 1945년 해방을 맞은 해 9월에 조선탁구협회가 발족하게 되고 동덕여고 창립자인 조동식 회장이 초대 회장으로 취임하게 된다. 1974년에는 조선탁구협회가 대한탁구협회로 개칭하고 제1회 전국종합탁구선수권대회를 개최하기도 했다. 또 1950년에는 국제탁구연맹에 가입했고 같은해에 아시아탁구연합(ATTU)의 전신인 아시아탁구연맹(ATTF)의 회원국으로 가맹했다고 기록하고 있다.

처음으로 출전하게 된 국제대회는 1952년 11월 제1회 아시아 탁구선수권대회이다. 1954년 제 4회 아시아탁구선수권대회에서 이경호, 위쌍숙 선수가 혼합복식 종목을 석권한 것이 국제대회에서의 첫우승이라 하겠다. 아시아를 넘어 세계무대에 첫선을 보인 것은 1956년 동경에서 열린 제23회 세계탁구선수권대회에서 여자단체 5위, 남자단체 14위의 전적을 거두었다.

1973년에는 건국 이후 한국 스포츠 최대의 쾌거를 거두게 되는데 59개국이 출전한 제32회 세계대회에서 여자단체전에서 세계 재패를 이루게 된다. 일본, 중국을 비롯한 세계의 강국들을 물리치고 우리나라 구기종목 사상 최초로 우승하게 되어 세계 정상에 올랐다. 이 사라예보 대회에서 활약한 주역은 우리가 잘 알고 있는 이에리사, 정현숙, 박미라, 김순옥 선수이다.

당시 '한국여자탁구 세계재패'라는 현수막은 전국 어디를 가든 볼 수 있을 정도였고, 이후 전국에 탁구 열풍이 불기 시작했다. 70년대 탁구장은 그 인기를 실감하듯 많이 생겨났으며 많은 사람들이 탁구를 치며 땀을 흘렸다. 이 사라예보 세계대회 우승은 탁구라

3 경성일일신문사: 경성일일신문은 경성일보와 다른 신문이다. 경성일일신문사는 일제강점기 시절 '한국에서 발행되던 식민지 일간지'로 국민의 의견을 모아 전하기 위한 취지로 만들어진 신문사이다.

는 종목이 국민스포츠로 자리잡게되는 계기가 되었다고 할 수 있다.

그 인기는 차츰 누구러들게 되고 1980년대까지 공백기를 맞이하다 86아시안게임에서 남자단식에서 유남규 금메달, 남자단체와 여자단체에서 탁구 강국인 중국을 꺾고 금메달을 획득하게 된다. 이후 88서울올림픽에서 올림픽 정식종목으로 채택되어 여자복식 현정화/양영자 금, 남자단식 유남규 금, 남자단식 김기택 은, 남자복식 유남규/안재형 동메달을 따내 국위선양하며 한국탁구 역사에 한 획을 그었다.

1991년 우리나라 스포츠 사상 처음으로 남북단일팀을 구성하여 일본 지바에서 열린 41회 세계대회에 출전하여 여자단체에서 중국을 꺾고 우승하는 역사적 기록도 남겼다. 남·북 단일팀이라는 타이틀은 스포츠 외교의 성공사례로 꼽힌다. 반면 남·북 단일팀은 스포츠가 정치적 도구로 사용되는 예를 보여주기도 하였다.

세계를 함께 제패한 동료들(왼쪽부터 나인숙, 김순옥, 박미라, 이에리사, 정현숙, 출처: 대한탁구협회)

3. 시설 및 용구

1) 탁구대(table)

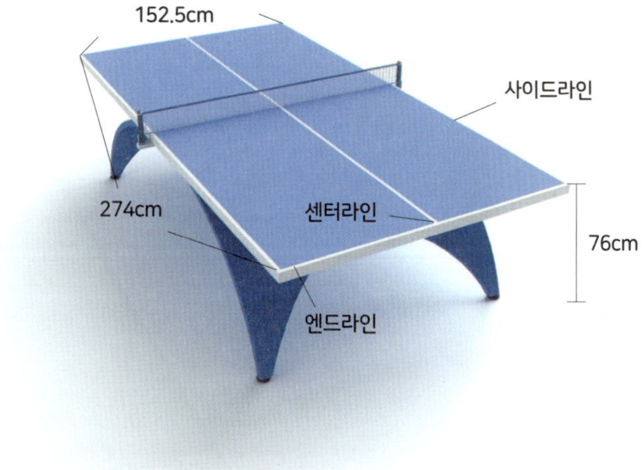

탁구대의 윗면 길이는 274cm, 너비는 152.5cm의 직사각형 모양이고 높이는 76cm로 수평면으로 놓여 있어야 한다.

탁구대의 표면은 재료에 있어 제한이 없으나 공인구를 30cm 높이에서 떨어뜨렸을 때 23cm 높이로 균일하게 튀어 올라야 한다.

표면은 무광의 균일한 어두운색으로 되어야 하며, 274cm의 가장자리에 2cm 너비의 사이드 라인과 152.5cm 가장자리 끝에 2cm 너비의 라인을 엔드라인이라고 한다. 테이블 중앙에는 3mm 너비의 센터라인이 있다. 이 엔드라인과 센터라인은 흰색으로 되어 있어야 한다.

2) 네트 어셈블리(net assembly)

네트 어셈블리는 네트, 지주, 지주봉, 죔쇠로 구성되어 있으며 이 모든 구성을 네트 어셈블리라고 칭한다. 네트의 높이는 15.25cm이며 네트를 받치고 있는 수직봉의 외부한계(탁구대 너비끝에서 수직봉의 끝)또한 15.25cm이다.

· 네트: 탁구대 중앙에 설치하는 망. 가로 152cm, 세로15.25cm
· 지주대: 양쪽 끝을 고정하는 기둥
· 지주봉: 네트를 끼워 지지하는 막대
· 좸쇠: 나사형태의 고정장치

꼭 알아야할 탁구상식

'net assembly'는 그물망을 의미하는 'net'와 조립물을 의미하는 'assembly'의 합성어이다. 네트와 지주대, 지주봉, 좸쇠 등 네트에 부속된 모든 장비를 네트어셈블리라 한다.

3) 공(ball)

일반적인 탁구공과 라지볼의 크기차이

탁구공의 지름은 40mm이며 무게는 2.7g이다. 공의 재질은 플라스틱이어야 하며 무광의 흰색 또는 오렌지색이어야 한다.

셀룰로이드 공을 사용해오다 2015년부터 플라스틱 공을 사용하기 시작했다. 국제올림픽위원회(IOC)는 셀룰로이드 공을 항공기로 이동시 발화 가능성이 높다는 이유로 국제탁구연맹(ITTF)에 탁구공의 재질을 바꾸라고 권고하였기에 바뀌게 되었다.

라지볼의 지름은 44mm이며 무게는 2.5g이다. 경식 공보다 가벼우며 식별하기 쉬운 오렌지색을 띄고 있다. 이 라지볼은 공의 회전수가 적고 그 속도가 빠르지 않아 노인들이 무리없이 즐길 수 있도록 개발된 공이다.

4) 경기공간(playing space)

경기공간(playing space) 즉 경기장의 크기는 길이 14m, 너비 7m, 높이 5m 이상이 되어야 하며, 이 규격의 네 모퉁이는 펜스로 둘러싸듯이 막아야 한다.

조명의 밝기 또한 매우 까다롭다. 올림픽과 세계대회는 시합표면(탁구대)에서부터 측정한 조명의 밝기가 균일하게 1000룩스가 되어야 한다. 기타 대회에서 조명의 밝기는 최저 600룩스가 되어야 한다. 또 조명의 밝기는 균등해야 하며 경기장 외부의 밝기는 경기구역 내부의 최저 밝기보다 밝아서는 안된다. 조명기구는 바닥으로부터 최소 5m이상 높이에 있어야 한다. 그 외에도 경기구역을 제외한 곳은 어두워야 하고 가려지지 않은 창문 틈새로 햇빛이 들어와서도 안된다. 바닥은 반사되거나 미끄럽지 않은 국제탁구연맹이 승인한 브랜드의 합성 재질로 된 바닥재를 깔아야 한다.

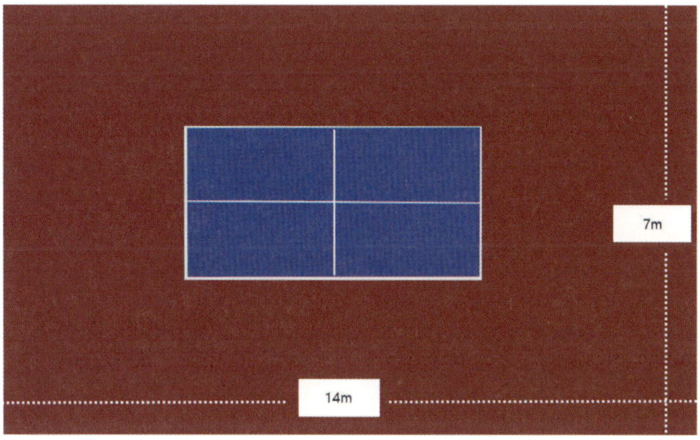

5) 라켓(racket)

탁구 라켓은 블레이드(blade)라고도 부른다. 라켓의 크기나 모양 무게에는 제한이 없다.

블레이드 두께의 85%는 원목으로 되어 있어야 하며 내부는 합판, 카본, 유리 섬유와 같은 소재로 만들어 진다.

라켓에 러버를 붙일 때 금지된 약품인 휘발성 솔벤트가 함유되지 않은 접착제를 사용해야만 하며 금지된 접착제를 사용했을 경우 그 책임은 선수의 몫이다. 그러므로 금지된 접착제 사용을 금해야 한다. 또 러버의 두께와 편평도[4] 라켓 층의 균일한 두께 등을 확인하게 된다. 러버의 두께는 스펀지와 접착제를 포함하여 4mm를 초과할 수 없다. 이것을 라켓 컨트롤 테스트[5]라 한다. 이것은 경기 전에 주심이 시행한다. 이 테스트에 통화하지 못한 라켓은 사용하지 못하며 스페어 라켓을 검수받은 뒤 사용할 수 있다.

라켓의 종류 그리고 전형에 있어서는 다음 장에서 상세하게 다루기로 하겠다.

6) 러버(rubber)

러버는 탁구 라켓에 붙이는 고무를 말하며 공의 파워와 스핀에 큰 영향을 주는 용구라 할 수 있다. 또 어떤 러버를 사용하느냐에 따라 볼의 구질이 달라지기 때문에 자신에게 맞는 러버를 찾는 것이 매우 중요하다. 러버의 종류는 평면러버, 핌플러버, 롱 핌플러버, 안티스핀 러버, 하이텐션 러버로 구분할 수 있다.

평면러버는 핌플 인 러버(pimple in rubber)라고도 부른다. 돌기가 스펀지 안쪽으로 향해있고 공이 맞는 바깥쪽은 평평하게 되어 있어 평면러버 라고도 부른다. 이 러버는 회전을 주기에 용이하여 대중적으로 많이 쓰이는 러버이다.

핌플러버(pimple rubber)는 돌출러버 또는 핌플 아웃 러버라고도 부른다. 오톨도톨한 돌기가 밖으로 나와있는 것을 말한다. 이 돌기의 지름은 롱핌플 러버에 비해 넓은 편이며 그 길이는 짧다. 평면러버 보다는 상대방 회전의 영향을 덜 받아 유리할 수 있으나 자신이 회전을 가할때에도 평면러버 보다는 회전이 덜 걸릴 수 있다.

롱핌플 러버(long pimple rubber)는 스펀지가 있으며 돌기가 바깥쪽을 향하고 있다. 그 돌기의 지름은 좁으며 길이는 길다. 이 러버는 상대의 회전에 영향을 받지 않으며 반면 들어가는 공은 예상 외의 변화를 기대할 수 있는 러버이다.

스펀지가 없는 러버를 오소독스 러버(orthodox rubber) 또는 OX러버 라고도 부른다.

스펀지 유무에 따라서 전형을 달리하여 쓰고 있는데 스펀지가 없는 오소독스 러버를

4 편평도: 평평하게 납작해진 상태

5 라켓 컨트롤 테스트: 국제탁구연맹의 규정을 준수하는지를 확인하는 검사. 라켓의 편평로, 라켓 커버링의 두께, 라켓층의 균일한 두께, 유해성 휘발 물질의 사용여부 등이 포함.

공격수가 스펀지가 있는 롱핌플 러버를 수비수가 주로 사용하고 있다.

안티 스핀 러버(anti spin rubber)는 평면러버와 같이 표면이 매끄럽게 생겼지만 마찰력이 적어 상대의 회전에 영향을 잘 받지 않는 러버이다. 평면러버는 회전을 많이 주는 러버라면 안티스핀 러버는 회전을 영향을 받지 않고 주기도 어려운 러버라 할 수 있다.

하이텐션 러버(high tension rubber)는 고무의 분자에 텐션을 준 러버를 말한다. 이 고무와 스펀지의 조합은 탄성과 마찰력이 매우 높다고 할 수 있다. 볼의 스피드, 회전력 등을 향상시킨 러버이다. 앞으로 개발되어 나올 새로운 용구들이 기대되는 시점이다.

평면 러버

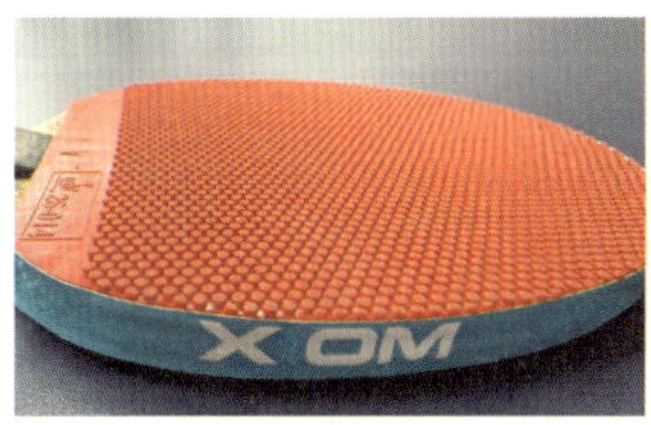

핌플 러버

롱핌플 러버

Chapter 02
기본자세

Chapter 02

기본자세

본 교재에서는 목차에 서술한 바와 같이 기본자세(전형선택, 그립, 기본자세), 기본기술(포핸드 롱, 백핸드 롱, 풋워크, 불규칙, 커트), 응용기술(서브, 리시브, 스매시, 드라이브, 블로킹, 플릭, 로빙)로 나누어 설명하도록 할 것이다. 반드시 기억해야 할 사항은 풋워크와 불규칙은 기술에 해당하지 않으며 하나의 연습방법에 해당된다. 그럼에도 불구하고 기본기술 안에 기록한 이유는 탁구를 배우는데 있어 그 순서가 매우 중요하기 때문이다.

우선 스트로크의 사전적 의미를 보면 공을 타격하는 것을 의미한다. 탁구 이외에도 테니스와 배드민턴과 같은 구기종목에서 라켓으로 공을 치는 것을 스트로크[1]라 정의하기도 한다.

1 스트로크(stroke): 공을 치는 타법[타격]

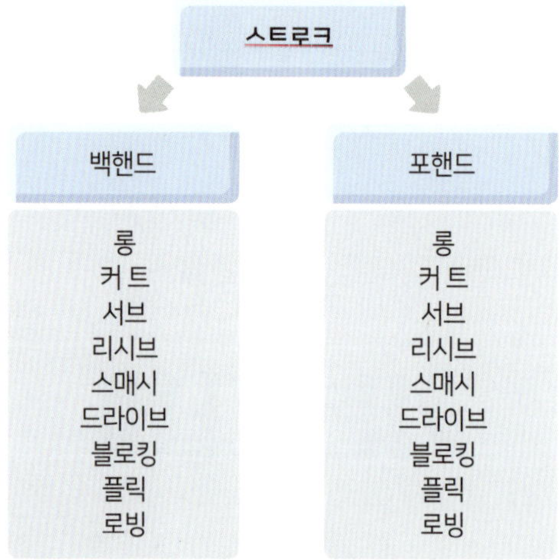

탁구 기술의 분류

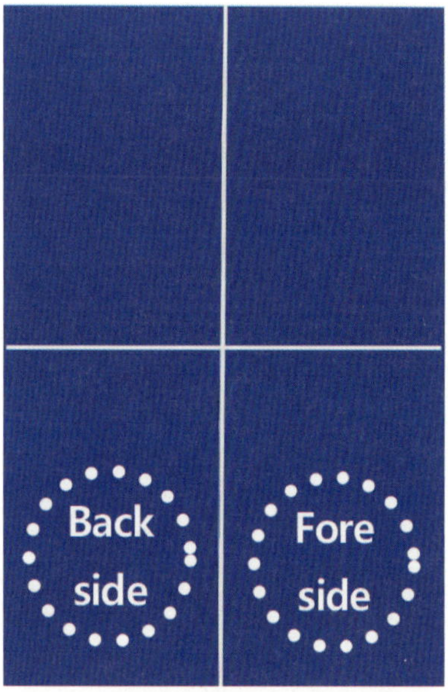

포핸드와 백핸드의 구분

본 교재에서는 공을 치는 행위 자체를 스트로크라 정의하고자 한다. 스트로크를 기준으로 포핸드와 백핸드로 나누어 지는데 테이블 중앙의 센터라인을 기준으로 오른쪽 범위에서 이루어 지는 모든 기술들을 포핸드 기술들이라 하며 왼쪽 범위에서 이루어지는 기술들을 백핸드 기술이라 말한다. 예를들면 포핸드 드라이브 또는 백핸드 드라이브 이렇게 구분지어 설명하는 것이 옳다 할 수 있다.

탁구를 처음 배우는 단계라면 배우기 이전에 탁구의 모든 기술들을 살펴보고 그 기술들을 순차적으로 배워나가는 것이 가장 효율적이라 할 수 있다. 예를들어 걷지 못하는 아기가 한번에 뛸 수 없듯이 기본적인 기술들을 습득하지 않고서는 응용기술을 터득하기 어렵기 때문이다. 조바심을 내지않고 단계별로 실력을 쌓아간다면 스스로 포기하지 않은 한 모든 기술들은 때가 되면 완성될 것이다. 완성이 되는 시기는 사람마다 가지고 있는 체력 및 운동능력을 포함한 개인차가 반드시 있으며 운동의 빈도와 방법에 따라 완성되는 시기는 달라질 것이다.

단, 예외는 있다고 생각한다. 모든 기술들이 순차적으로 진도를 나가다가도 갑자기 특정 기술에서 주춤하면서 오랜 시간 노력을 기울여도 되지 않을 때가 있다. 이 시기를 슬럼프[2]라 한다. 뚜렷하게 밝혀진 원인없이 슬럼프를 겪게 되는데 슬럼프에는 아마추어도 선수도 예외는 없다. 이럴 때에는 지금 그 기술이 완성이 되지 않았다 하더라도 다음 진도로 넘어가는 융통성을 발휘해도 좋다. 그러다가도 어떤 계기(어떤 선수의 경기를 보다가 갑자기 모방이 된 경우, 다른 지도자의 설명을 들은 후 그 느낌이 깨우쳐 졌을 때, 스스로 이미지 트레이닝 하다가 깨우친 경우 등)에 의해서 갑자기 잘되는 경우도 있기 때문이다. 그 계기는 어떤 상황에서든 찾아올 수 있기 때문에 본인의 정신건강을 헤치면서까지 지속할 필요는 없다.

1. 전형선택

탁구를 시작하며 첫 번째로 하게되는 고민은 전형선택이 될 것이다. 주변사람들이 모두 그 라켓을 사용한다고 해서 또는 요즘 대세가 되는 라켓이 그 라켓이어서가 아닌 본인 신체구조에 맞는 라켓을 찾는 것이 중요하다 할 수 있다. 초급자의 경우 전형선택은 크게 두 가지 라켓 중 선택하게 되는데 사람마다 손가락의 모양, 신체에서 취약한 부분들이 다르기 때문에 처음부터 라켓을 구입해서 배우기 보다는 1~2주 정도는 배우는 장소에 구비된 라켓을 사용해 보면서 전형을 선택해도 늦지 않기 때문이다. 또 가르침을 주는 지도자들은 그만큼의 경험이 축적되어 있기 때문에 개개인에게 맞는 전형선택에 대한 조언을 해줄 수 있다. 그러므로 지도자와 충분한 대화를 통해 알맞은 전형선택이 이루어지는 것이 가장 현명한 방법이라 할 수 있다.

탁구라켓의 종류는 크게 다섯 가지로 나눌 수 있다. 초보자에게 가장 많이 권하게 되는 전형은 세이크 핸드이며, 다음으로는 펜홀더 전형이다.

속공형 펜홀더, 중국식 펜홀더, 수비형 세이크 핸드 전형의 경우 초급자가 접하기는 어려운 전형에 속하기 때문에 펜홀더와 세이크 핸드 전형의 모든 기술을 마스터 한 뒤 세 가지 전형에 도전해보는 것이 바람직하다 하겠다.

탁구 전형별 특징을 보면 다음과 같다.

2 슬럼프(slump): 자기실력을 제대로 발휘하지 못하고 저조한 상태가 길게 계속되는 일

전형	펜홀더	세이크 핸드	속공형 펜홀더	중국식 펜홀더	수비형 세이크핸드
사진				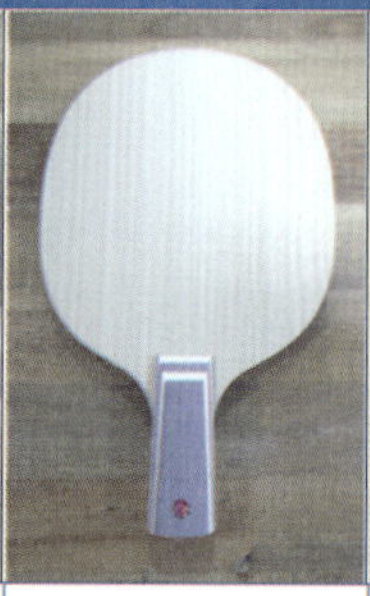	
타법	드라이브형	드라이브형	속공형	드라이브형	수비형
장점	· 러버가 한쪽면에만 붙어있어 가볍다. · 서브 넣을 때 각도가 매우 수월하다.	· 그립이 편하다. · 백핸드가 강하다.	· 러버가 한쪽 면에만 붙어있어 가볍다. · 서브 넣을 때 각도가 매우 수월하다. · 핌플러버를 사용하여 공의 구질이 매우 까다롭다.	· 펜홀더 전형의 단점을 보완하기 위해 만든 라켓으로 백핸드가 강해질 수 있다.	· 드라이브와 스매시가 약하거나 강력한 공격력이 없는 상대에게 강하다. · 수비형 선수의 빈도가 적어 처음 다뤄볼 경우 고전하기 쉽다. · 뒷면에 롱핌플 러버를 주로 사용하여 상대방의 혼란을 야기시킬 수 있다.
단점	· 그립이 불편하여 손가락이 아플 수 있다. · 백핸드시 유연성이 요구된다. · 상대적으로 백핸드가 약할 수 있다. · 포핸드 공격이 주로 이루어지다보니 체력 소모가 크다.	· 러버가 양쪽면에 붙어 있어 다소 무겁게 느껴질 수 있다. · 회전서브 넣을 때 라켓 각도가 잘 나오지 않는다.	· 핌플러버 특징상 회전력이 평면 러버보다 떨어질 수 있다. · 백핸드시 유연성이 요구된다 · 백핸드가 상대적으로 약할 수 있다.	· 펜홀더 그립을 사용하지만 러버를 양면에 붙여 무겁게 느껴질 수 있다. · 세이크 핸드전형보다 백핸드 기술을 구사하기가 어렵다.	· 러버가 양쪽면에 붙어 있어 상대적으로 무거울 수 있다. · 커트볼을 잘 다루는 상대일 경우 속수무책으로 당할 수 있다.
권장	· 다리 움직임이 많이 요구되는 전형으로 주로 포핸드 공격을 잘하며 체력과 순발력이 갖춰진 사람에게 적합하다.	· 포핸드와 백핸드 양쪽 모두 강하게 구사할 수 있는 전형이다. · 다리 움직임이 느려도 백핸드가 커버된다.	· 드라이브 보다 스트로크에 강한 사람에게 적합하다. · 풋워크가 좋고 순발력이 있어야 한다.	· 중국식 펜홀더 전형을 사용하는 사람이 많지 않아 지도를 받기가 어렵다. 본인 스스로가 동작분석을 통해 끊임없이 분석하고 연구해야 한다.	· 지구력이 있어야 한다. · 좌 · 우 · 전 · 후 스텝과 움직임이 좋아야 한다. · 기질적으로 침착함을 가지고 있어야 한다.
대상	초급자	초급자	숙련자	숙련자	숙련자

아래 그림은 전형별 포지션(position)[3] 나타낸 그림이다. 사용하는 타법에 따라 전진, 중진, 후진으로 구분할 수 있다.

전진형은 탁구대에서 한두 발자국 범위 내 위치한다. 바운드 되어 튀어오르는 볼을 정점에서 신속하게 처리하는 전형으로서 주로 사용되는 기술은 스매시와 같은 속공형 공격이 이루어진다. 빠른 타구로 속도를 이용하는 전형이라 할 수 있다.

중진형은 탁구대에서 성인 기준 큰 보폭 하나의 정도의 지점에 위치한다. 주로 공의 회전을 일으켜 플레이하는 전형이다. 주로 사용되는 기술은 드라이브이며 이후 스매시로 연결시켜 득점하는 올라운드 전형이라 할 수 있다.

후진형은 중진형 위치보다 더 후방 지점에 위치하는 포지션을 말한다. 주로 사용되는 기술은 커트성 회전을 구사하는 전형으로서 주로 롱커트와 숏커트를 구사하는 수비형 전형이라 할 수 있다.

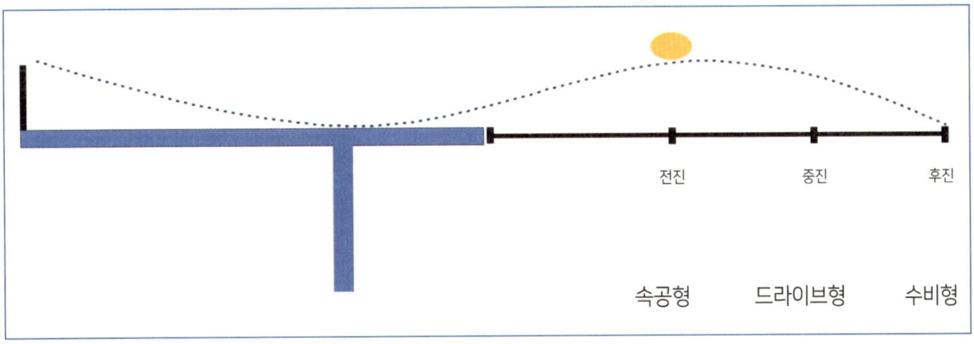

전형별 포지션

1) 펜홀더(Penholder)전형 특징 및 그립법

(1) 특징

펜홀더 라켓의 모양은 직사각형 모양으로 러버가 한 면만 붙어있다는 특징이 있다. 그래서 단면 라켓 또는 일본식 펜홀더라고 한다. 라켓의 앞면은 손가락을 거는 부분이 코르

3 포지션(position): 선수의 주요 위치

크로 돌출되어 있다. 뒷면의 일부는 코르크 재질로 되어있어 뒤 세 손가락이 미끄러지지 않고 고정될 수 있도록 해주는 역할을 하기도 한다.

이 라켓의 장점은 세이크핸드 라켓에 비해 러버가 한면에만 붙어있어 가벼운 느낌이 있으며 한쪽 면만 컨트롤하기 때문에 감각을 익히기에 수월하다 할 수 있다. 라켓의 러버가 무거우면 얼마나 무겁겠나 생각하는 사람들도 있을 것이다. 탁구공의 최대 속도는 250km이며 반응속도는 0.1~0.2초 안에 이루어진다. 또한 연속적인 공을 받아내야 하기 때문에 러버의 무게가 순발력에 전혀 영향을 미치지 않는다고는 볼 수 없다. 또 서브의 모든 각도를 소화해내기 용이하다는 것이 펜홀더 라켓의 큰 장점이다. 특히 회전서브 각도가 세이크 핸드 라켓보다 각도가 잘 나와 회전력이 커질 수 있다. 이 부분은 서브 파트에서 상세하게 기술하기로 한다.

단점은 그립이 불편하여 손가락이 아플 수 있다. 주로 마찰이 생기는 부분은 두 번째 손가락과 세 번째 손가락이다. 처음 배우기 시작해서 몇 주간은 물집이나 굳은살이 생기기도 하며 라켓에 익숙해지면 점차 나아지니 염려하지 않아도 좋다. 또 백핸드 기술들이 이루어질 때 어깨부터 손목까지의 유연성이 요구되기도 한다. 그리고 세이크핸드 라켓에 비해 백핸드가 약하다 할 수 있다. 이것은 탁구를 처음 배우는 사람들이 펜홀더 라켓을 꺼려하는 가장큰 이유가 되기도 한다. 서두에 언급한 바와 같이 사람의 신체구조는 모두 다르기 때문에 두 가지 라켓을 모두 사용해보고 판단하기를 권한다.

펜홀더 전형을 선택할 때 고려해야 할 사항은 백핸드를 보완하다보면 다리 움직이 많이 요구되기도 한다. 따라서 순발력과 체력이 갖춰진 사람에게 적합하다 할 수 있다. 하체 쪽에 부상이 있거나 공격적인 플레이를 하지 못하는 사람은 세이크핸드 전형을 선택하는 것이 유리할 수 있다. 과거에 비해 펜홀더 전형의 선호도가 떨어진 것은 사실이나 수많은 선수들이 세계제패 할 때 사용된 매력적인 라켓이기도 하다. 펜홀더 라켓을 사용하여 세계적으로 명성을 떨친 선수들은 김택수, 유남규, 유승민, 이에리사 선수 등이 있다.

펜홀더 라켓의 그립 방법은 다음과 같다.

(2) 그립법

펜홀더 그립은 펜을 쥐는 것처럼 잡는다 하여 펜홀더라 불리었다고 한다. 엄지와 검지로 펜을 쥐듯이 앞면의 코르크 부분을 감싸 잡으며 나머지 세 손가락은 뒷면 중앙에 가지런히 모아 잡아야 한다.

백핸드 롱 타구시 유연성이 요구되며 각도가 잘 나오지 않을 수 있다. 이때는 엄지손가락 끝만 살짝 떼어주면 백핸드 롱 타구 각도가 훨씬 수월해진 것을 느낄 수 있다.

이때 엄지손가락을 안쪽으로 깊게 넣어 잡으면 흔들림이 적어 강력한 포핸드 공격시 유리하다 할 수 있으나 백핸드나 섬세한 기술을 하는데 있어 불리할 수 있다. 반면 엄지손가락은 적게 넣고 두 번째 손가락이 깊게 들어가는 그립을 쥐었을 때 백핸드는 잘 될 수 있으나 반면 포핸드는 각도가 나오지 않는다. 그러므로 그립은 포핸드 백핸드 양쪽 모두 잘 나오는 그립이 좋은 그립이라고 할 수 있다.

올바른 그립

정면

후면

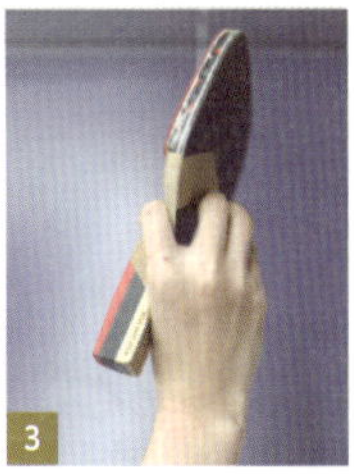

측면

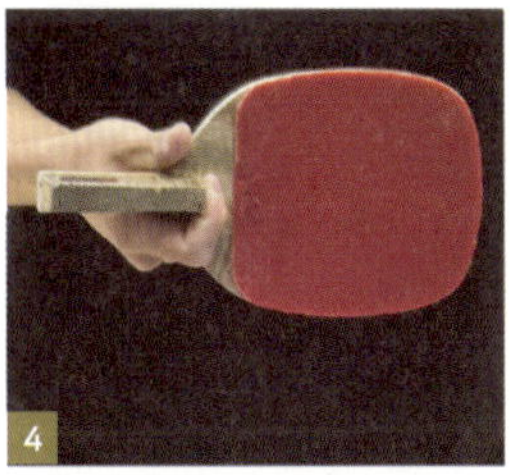

백핸드 롱 처리시 변형된 그립

1. 엄지는 손톱이 천정을 바라보게 누른다.
2. 검지는 코르크를 감으며 손가락 길이에 맞게 코르크를 감싸 잡는다.
3. 나머지 세 손가락은 라켓 후면 중앙에 위치한다. 이때 손가락이 너무 굽혀지지도 너무 펴지지도 않게 뒤를 받쳐주는 지지대 역할을 하며 고정 시킨다.
4. 백핸드 롱을 할 때만 엄지 끝을 살짝 떼어주면 라켓 각도를 숙이는데 도움이 된다.

잘못된 그립

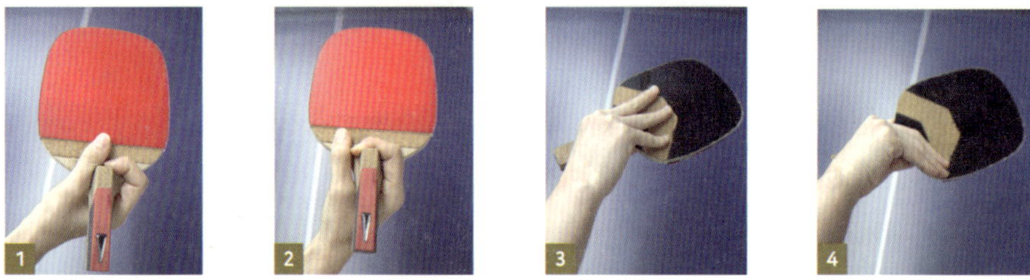

1. 엄지손가락이 러버 안쪽으로 지나치게 들어간 경우
2. 두 번째 손가락이 코르크 안쪽으로 지나치게 들어간 경우
3. 뒤 세 손가락이 벌어진 경우
4. 뒤 세 손가락의 위치가 중앙이 아닌 위 또는 아래로 잡는 경우

2) 세이크핸드(Shake hand)전형 특징 및 그립법

(1) 특징

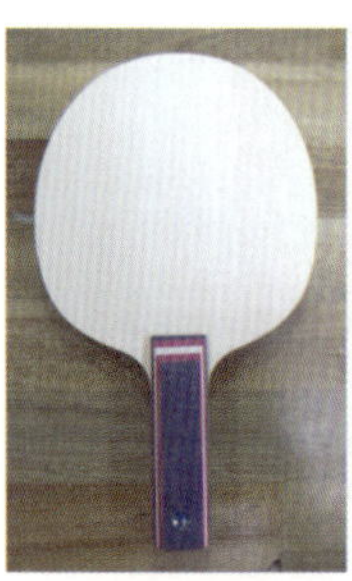

스트레이트 타입

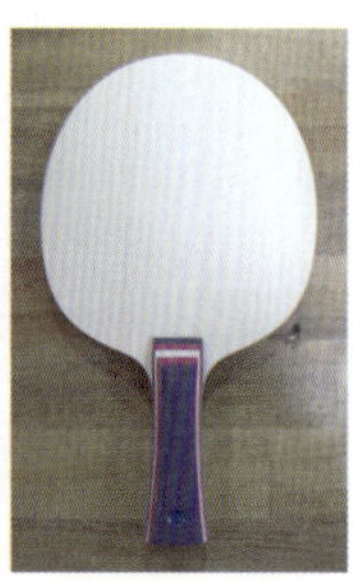

플레어 타입

세이크핸드 라켓은 원형으로 러버가 양쪽에 붙어있어 양면을 모두 사용한다는 특징이 있다. 그래서 양면 라켓이라 불리기도 한다. 세이크핸드는 양쪽면의 러버를 다르게 선택하여 본인의 플레이에 맞게 조합이 가능하다. 세이크핸드 라켓의 손잡이 타입에 따라 스트레이트 타입, 아나토믹 타입, 플레어 타입으로 나뉜다.

개인의 손 모양과 취향에 따라 타입을 선택하게 되는데 통상적으로 스트레이트 타입과 아나토믹 타입은 손잡이 부분이 약간 두꺼워서 손이 큰 사람들과 남성들이 주로 선택한다. 플레어 타입은 라켓의 손잡이 부분이 얇으면서 넓어지는 형태로 손이 작은 여성들이 주로 사용한다.

아나토믹 타입은 최근 생산되지 않는다하여 상세사진은 첨부하지 않았다.

세이크 핸드 라켓의 장점은 펜홀더 라켓에 비하여 그립이 편하다고 느낄수 있으며, 백핸드가 강력하다. 포핸드와 백핸드가 양쪽 모두 비슷할 정도로 백핸드를 강하게 구사할 수 있는 전형이다. 그러다보니 체력 소모가 적어 다리에 부상이 있거나 움직임이 늦은 사람들도 백핸드 커버가 될 정도로 백핸드가 강력하다 할 수 있다.

단점은 양쪽에 러버가 부착되기 때문에 무겁게 느껴질 수 있다. 반복적인 운동을 지속했을 때 어깨와 손목 부위의 부상을 초래할 수 있기 때문이다. 또 세이크핸드 라켓의 가장큰 단점을 꼽자면 회전 서브시 관절의 가동범위의 한계를 느끼게 될 것이다. 그래서 세이크 핸드 라켓을 사용하는 사용자들이 새로운 서브를 개발하게 되는 이유이기도 하다.

세이크 핸드 라켓을 사용하여 세계적으로 명성을 떨친 선수들은 신유빈, 오상은, 마롱, 장지커 선수 등이 있다.

세이크 핸드 라켓의 그립 방법은 다음과 같다.

(2) 그립법

세이크 핸드 라켓은 잡을 때 악수하듯이 쥔다고 하여 세이크 핸드라고 불린다.

세이크 핸드의 라켓은 적색과 흑색 중 어느쪽이 앞면으로 와도 경기룰 상 관계는 없지만 많은 선수들이 앞면을 적색으로 뒷면을 흑색으로 사용하고 있다. 같은 색상의 러버를 앞뒤로 붙이는 것은 경기 룰상 위배되는 행위이다.

올바른 그립

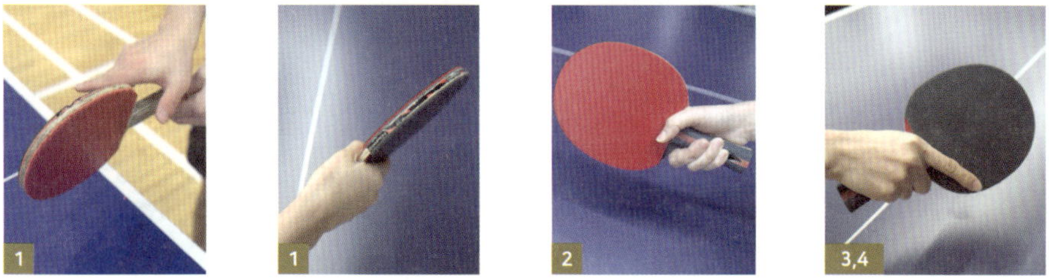

1. 엄지와 검지를 V자로 만들어 라켓이 가운데로 들어오게 잡는다.
2. 엄지는 라켓 앞면 러버 아래쪽에 가져다 댄다.
3. 검지 손가락은 라켓의 뒷면 아랫부분에 길게 펴준다.
4. 나머지 세 손가락(중지, 약지, 새끼)은 손잡이 부분을 감싸며 가볍게 쥐어준다.

잘못된 그립

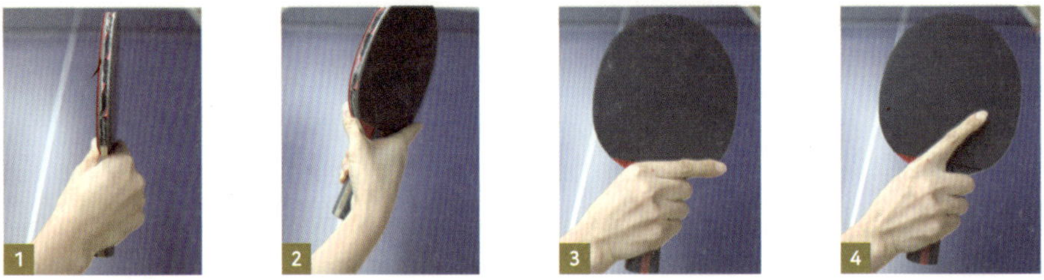

검지쪽으로 감아 잡은 / 엄지쪽으로 빼 잡은 / 두 번째 손가락이 밖으로 / 손가락이 위로

1. 라켓이 v자 중간이 아닌 검지손가락 쪽으로 감아 잡은 경우
2. 라켓이 v자 중간이 아닌 엄지손가락 쪽으로 빼 잡은 경우
3. 두 번째 손가락이 지나치게 바깥쪽으로 빼 잡은 경우
4. 두 번째 손가락이 지나치게 위로 올라간 경우

3) 속공형 펜홀더 전형 특징 및 그립법

(1) 특징

속공형 펜홀더 전형은 단면이며 라켓의 모양이 펜홀더 라켓에 비해 끝이 둥글고 손잡이 부분이 짧으며 돌출러버를 사용한다는 특징이 있다. 과거에는 이렇게 끝이 둥근 라켓이 생산되었으나 최근에는 맞춤라켓 또는 일반 펜홀더 라켓에 돌출러버를 사용하기도 한다.

장점은 돌출러버를 사용하기 때문에 상대방의 회전에 영향을 덜 받으며 공의 구질이 까다로워서 이 공을 꺼려하는 선수들이 있을 정도다. 평면러버에 비해 공이 낮게 깔려오는 느낌의 구질이어서 일반적인 방법으로 받으면 무회전 공이어도 네트에 걸리기 쉽다.

단점은 세이크 핸드에 비해 백핸드가 약할 수 있다는 점이 펜홀더 전형과 같다. 그리고 돌출러버는 상대의 회전에 영향을 덜 받지만 자신이 회전을 줄 때도 그 회전의 양이 평면러버보다 부족하다는 단점이 있다.

속공형 펜홀더 전형을 선택할 때 고려해야 할 사항은 주특기로 스매시와 시간차 공격을 주로사용하기 때문에 공격의 정확성이 높은 사람에게 적합하다 할 수 있다. 또 상대보다 내가 먼저 선제 공격을 해야하기 때문에 다리의 움직임 또한 매우 빨라야 한다. 속공형 펜홀더 라켓을 사용하여 세계적으로 명성을 떨친 선수들은 김기택, 김완, 현정화 선수 등이 있다.

속공형 펜홀더 라켓의 그립 방법은 펜홀더 라켓 그립과 같다.

4) 중국식 펜홀더(chinese Penholder)전형 특징 및 그립법

(1) 특징

중국식 펜홀더는 이면타법이라고도 불린다. 이 라켓은 펜홀더 라켓의 단점을 보완하고자 만들어진 라켓으로 중국에서 처음 시도하여 새롭게 만들어진 전형이다. 펜홀더 라켓이 직사각형 모양이라면 중국식 펜홀더 라켓은 세이크핸드 라켓과 유사하게 생겼다는 특징이 있다. 세이크핸드 라켓보다 손잡이 부분이 좀 더 짧은 것이 주목해서 봐야 할 부분이다. 그 부분은 백핸드 전환시 손잡이 부분이 길면 손목사용이 어렵기 때문에 구조적으로 짧게 만든 것으로 생각된다. 중국식 펜홀더에 이질러버를 붙여 돌려가면서 이면타법을 하는 전형이 과거에는 종종 있었으나 최근에는 선수들 사이에서는 찾아보기 어려울 정도다. 간간이 동호인들 사이에서는 이 전형이 사용되기도 한다. 이제는 중국식 펜홀더로 이질러버를 사용해 혼동을 주기위함으로 사용하지 않는다. 온전히 강력한 백핸드 공격을 하기위함으로 선택한다.

장점은 펜홀더 라켓이 가진 장점에 백핸드가 보완된 전형이라고 생각하면 된다. 펜홀더 라켓으로는 백핸드 드라이브를 하기 어려운 구조인데 이 중국식 펜홀더는 백핸드 드라이브를 비롯한 모든 백핸드 기술 구사가 가능하기 때문이다. 그래서 백핸드 공격력이 세이크 핸드 전형 못지않게 보완된 전형이라 말할 수 있다.

단점은 공격력은 보완되었으나 디펜스가 펜홀더 전형에 비해 어렵고 안정성이 떨어질 수 있다. 또 중국식 펜홀더의 기술 습득이 다른 전형에 비해 쉽지만은 않다는 것이다. 그래서 오랜시간 공을 들여 연습해야만 가능하기 때문이다. 일반적인 그런 기술이 아닌 난이도가 있는 기술이라고 표현하는 것이 맞겠다. 앞서 펜홀더의 단점을 보완한 전형이라 소개하여 아주 강력하게 느껴질 수도 있을 것이다. 선수들 사이에서도 이 전형을 사용했던 선수들을 찾기가 어렵어려울 정도로 그 사용 빈도가 적기 때문에 아마추어나 처음 시작하는 사람들이 경험자를 찾아가서 배우기가 쉽지 않을 것이다. 동영상 시청을 통해 학습이 가능하기도 하나 디테일한 노하우를 얻기에는 한계에 부딪힐 것으로 예상된다.

중국식 펜홀더 전형을 선택할 때 고려해야 할 사항은 두 가지 이다. 첫 번째는 공을 다루는 운동 감각이 뛰어나야 한다. 이미 펜홀더 전형의 모든 기술들을 구사할 수 있으며 그 외에도 중국식 펜홀더의 백핸드까지 구사할 수 있는 남다른 운동능력을 말한다. 펜홀더 전형의 한계에 부딪혀 차선책으로 이 전형을 선택했다면 잘못된 방법이라 말할 수 있다. 두 번째는 동영상을 보고도 모방이 가능한 능력을 지녔는지 확인해봐야 할 것이다. 한마디로 중국식 펜홀더 전형은 연구하는 자세를 갖추고 모방과 운동능력이 좋은 사람이 선택하는 것이 바람직 할 수 있겠다.

중국식 펜홀더 라켓을 사용하여 세계적으로 명성을 떨친 선수들은 마린, 쉬신, 왕하오 선수 등이 있다.

(2) 그립법

중국식 펜홀더 라켓의 그립 방법은 다음과 같다.

중국식 펜홀더를 사용하는 선수들이 많지 않아 세계적으로 유명한 마린과 왕하오 선수의 그립을 보고 모방하여 잡아 보았다.

마린의 그립은 엄지와 검지 사이에 약간의 공간이 있다는 특징이 있다. 엄지가 러버 쪽으로 많이 들어가 잡는 그립법이다. 처음 잡았을 때 전환이 잘 될 수 있을까 싶을 정도로 빡빡한 느낌이다. 마린의 그립은 전면 백핸드 롱을 사용하기에 용이한 그립이라

마린의 그립

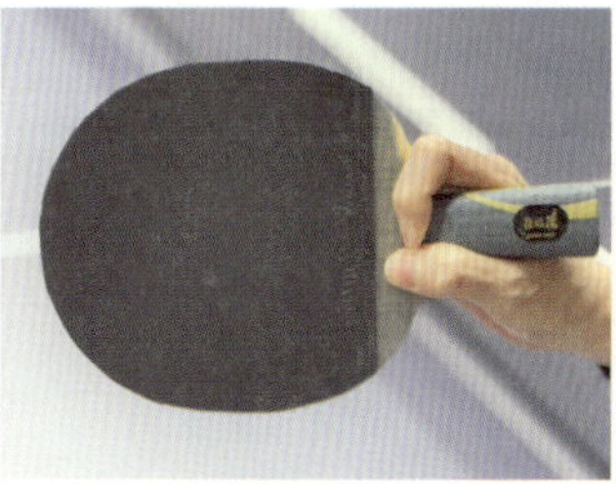
왕하오의 그립

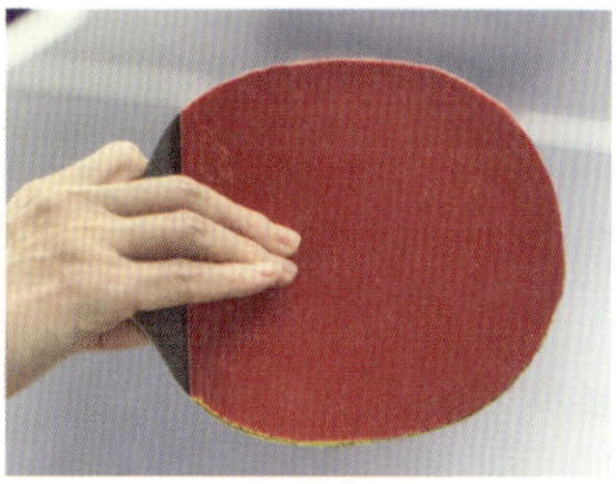
뒷면

할 수 있다.

왕하오의 그립은 마린의 그립보다 검지 손가락을 손잡이에 동그랗게 걸어 잡은 느낌이다. 엄지와 검지가 완전히 닿게 잡는다. 왕하오는 전면 백핸드는 거의 사용하지 않고 후면 백핸드 롱을 사용한다. 두 그립법 모두 손이 큰 사람이 가능할 것으로 예측된다. 그립을 잡은 모델도 손이 큰 편임에도 불구하고 잡기가 쉽지 않다고 한다. 그 이유는 중국식 펜홀더의 손잡이 부분이 펜홀더 라켓보다 두껍고 돌출된 부분이 없어 손가락을 걸기 애매하기 때문이다. 중국식 펜홀더를 사용하는 사람은 이 부분 참고하여 본인만의 그립을 만들기 바란다.

5) 수비형 세이크핸드(defensive shake hand)전형 특징 및 그립법

(1) 특징

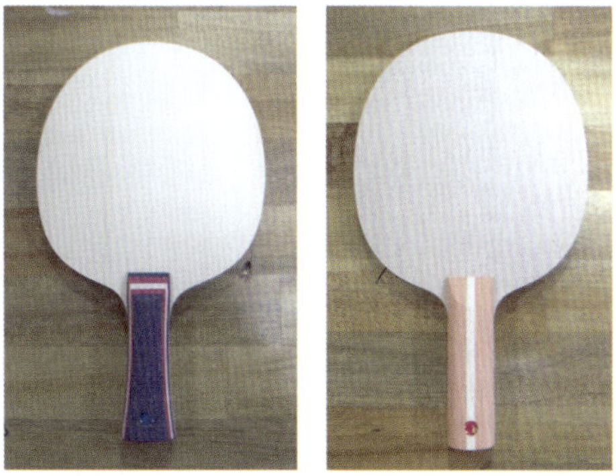

(좌)공격형 세이크 핸드와 (우)수비형 세이크핸드의 라켓 비교

수비형 세이크 핸드 전형은 수비 전형이라 불린다. 방어적인 기술인 커트를 주특기로 사용하는 전형이라 하겠다. 커트는 후진에서 이루어지는 롱 커트와 전/중진에서 이루어지는 숏 커트로 나누어진다. 수비 전형이라해서 공격을 전혀 하지않는 것은 아니다. 전/중/후진을 아우르며 탁구대를 사용하고 수비를 하다 찬스가 왔을때에는 상대방의 허를 찌르는 공력력을 펼치기도 한다. 한마디로 공격과 수비를 넘나들며 끈질기게 플레이하는 전형이라 말할 수 있겠다. 라켓의 모양은 세이크 핸드와 유사하며 세이크 핸드보다 공이 맞는 면적이 크고 긴 타원형에 가깝다.

앞 뒷면의 러버를 다르게 붙일 수 있는데 수비수들의 경우 앞면은 속도와 회전을 줄 수 있는 러버로 사용하고 라켓의 뒷면은 까다로우면서 안정적 커트 구질을 보내기 위한 롱핌플 러버를 주로 사용한다.

장점은 커트 구질에 취약하여 연속적인 드라이브가 어려운 상대에게 매우 유리할 수 있다. 또 수비수와의 경기는 공격수와는 다르게 많은 랠리가 되는 것이 특징이다. 이때 체력과 지구력이 없거나 날카로운 공격을 하지 못하는 상대에게 수비형 세이크핸드 전형은 매우 유리하다 할 수 있다.

단점은 수비 전형이다보니 공력력이 우수한 상대를 만나면 속수무책이 되기도 한다. 창 VS 방패처럼 창이 유리하냐 방패가 유리하냐 묻는다면 필자 또한 창이 유리하다 답하게 되기 때문이다. 그래서 수비수들도 강력한 공격력을 갖추기 위해 노력하는 이유이기도 하다.

그럼에도 불구하고 한국은 수비형 선수를 잘 키워내는 국가이기도 하다. 전 세계적으로 수비형 세이크 핸드를 사용하는 선수는 많지 않다. 한국은 이미 세 명의 선수가 국가대표팀에 발탁되어 아시안게임과 올림픽에 나가 메달을 획득하기도 하였다.

수비형 세이크 핸드 전형을 선택할 때 고려해야 할 사항은 전진부터 후진까지 사용되는 범위가 매우 넓기 때문에 움직이는 양이 많아 풋워크가 빨라야 하고 지구력 또한 갖추어야 한다. 또 탁구 기술 중 가장 섬세하게 다뤄져야 하는 커트 기술을 주로 사용하기 때문에 성격이 급한 대상보다는 차분함과 지구력을 갖추고 풋워크가 좋은 사람에 적합하다 하겠다. 또 신장이 너무 작으면 공의 정점 아래쪽에서 깎게 되고 그러다 보면 공이 떠서 상대방이 공격하기에 좋은 커트가 갈 수도 있다. 반면 신장이 큰 경우 위에서 커트하기 때문에 공을 상대적으로 낮게 보낼 수는 있을 것이다. 하지만 수비수의 신장이 클수록 허리를 많이 숙여서 자세를 낮춰야 한다는 단점도 있을 수 있다는 것을 참고하면 좋겠다. 수비형 세이크 핸드 라켓을 사용하여 세계적으로 명성을 떨친 선수들은 김경아, 서효원, 주세혁 선수 등이 있다.

참고로 두 선수의 신장은 주세혁 선수는 180cm, 김경아 선수는 165cm이다.

수비형 세이크 핸드 라켓의 그립법은 세이크 핸드 그립법과 같다.

2. 탁구의 기본자세

본 교재에서는 이해를 돕기 위해 아래와 같이 시계방향을 예를 들어 설명할 것이다.

공이 날아오는 정면이 12시 방향이다.

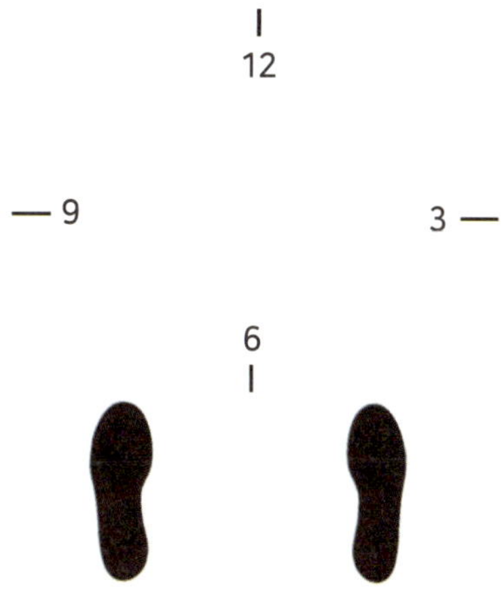

탁구의 기본자세는 다음과 같다.

1. 두 다리는 11자로 발끝이 정면을 바라보게 보게 선다.
2. 두 다리의 보폭은 본인 어깨너비보다 조금 더 넓게 서는 것이 바람직하다.
3. 무릎은 기마자세 하는 것처럼 많이 숙일 필요 없이, 무릎이 약간 튀어나올 정도만 숙여준다. 측면에서 봤을 때 무릎보다는 이마가 가장 앞쪽으로 나와 있게 숙여준다.

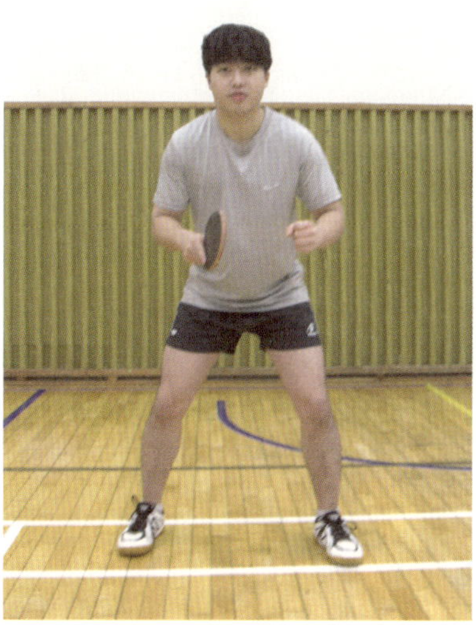

정면

측면

4. 시선은 정면을 바라보며 고개를 반듯하게 두고, 측면에서 봤을 때 신체 중 이마가 가장 앞으로 나와 있게 상체를 숙여주는 것이 포인트다. 무게 중심이 뒷꿈치 쪽으로 오면 기마자세에 가깝게 될 것이다. 무게 중심이 약간 앞쪽으로 쏠리는 느낌이 드는 정도가 좋다.
5. 양 겨드랑이의 간격은 너무 붙어도, 너무 벌려서도 안되며 주먹이 겨드랑이에 들어갈 정도의 공간을 주는 것이 좋다.
6. 라켓을 쥐지 않은 반대손을 프리핸드(free hand)[4]라고 하는데 가볍게 주먹을 쥐어 왼쪽 가슴 앞에 둔다.
7. 라켓을 쥔 손을 라켓핸드(raket hand)[5]라 부르는데 오른손은 2시나 3시 방향에 자연스럽게 둔다.

이것이 탁구의 기본자세이다. 탁구의 기본자세는 간단해 보이지만 이 기본자세만 봐도 초급자와 숙련자를 구분할 수 있다. 초급자의 특징은 자세에 대한 확신이 없으며 어색함이 드러날 수 있다.

4 프리 핸드(free hand): 라켓을 쥐지 않은 손
5 라켓 핸드(raket hand): 라켓을 잡고 있는 손

Chapter 03
기본기술

탁구 지도법
Teaching Guidelines for Table Tennis

Chapter 03
기본기술

1. 포핸드 롱(forehand long)

탁구에서 가장 기본이 되는 기술이고 이것만 잘 쳐도 엄청난 실력자처럼 보일 수 있는 기술이 포핸드 롱 이다. 선수들의 경우 경기 도중 포핸드 롱을 사용하게 될 빈도는 그리 많지 않을 것이다. 그 이유는 포핸드 롱보다 더 강력한 기술들을 구사하기 때문이다. 초보일수록 연령대가 어린 선수들일수록 경기 중 포핸드 롱을 사용할 기회가 많으며 실력자 수준으로 올라갈수록 그 사용빈도는 적어진다고 생각하면 되겠다.

포핸드 롱은 팔꿈치와 손목 라켓이 일직선을 이루며 3시 방향을 가르켜야 한다. 이때 손목이 올라가서도 내려가서도 안되고 일직선이 되도록 만드는 것이 중요하다.

많은 사람들이 스윙이 완벽해야 공이 잘 들어간다고 생각을 하지만 시작할 때의 라켓 각도가 가장 중요하다.

포핸드 롱의 스윙 방법은 다음과 같다.

백스윙

준비시 3시 방향에서 손목과 팔꿈치가 일직선이 되도록 라켓을 두어야 한다. 이때 손목이 내려가서도 올라가서도 안된다.
공은 탁구대에서 대략 한 뼘 정도 튀어 올랐다가 정점에서 다시 떨어지게 되는데 탁구대 한 뼘 높이인 정점에 라켓을 위치하는 것이 매우 중요하다.
백스윙은 3시 방향에서 시작하는 것이 적당하며 백스윙을 5시 방향까지 뒤로 많이 뺄 경우 다음 준비가 늦어질 수 있다.

임팩트

실제로 공이 맞는 임팩트 위치는 2시 방향에서 타구하게 된다. 임팩트시 라켓 각도는 90°에서 반듯하게 세워진 상태이며, 나가면서 점차 각도가 숙여지는 방식이다. 이때 손목은 거의 쓰지 않으며 경례하는 것처럼 팔꿈치가 접혀야 한다.

팔로우스루

팔로우스루는 12시 방향인 이마앞으로 보내는 것이 좋다. 10시 방향으로 스윙을 지나치게 길게 하는 것은 다음 준비가 늦어지기 때문에 주의해야 한다. 정면에서 봤을 때 경례하는 것처럼 라켓의 날면이 보이도록 스윙해야 한다.
중심이동은 인위적인 느낌보다는 라켓이 가는 방향으로 가슴이 서서히 따라가 주는 정도만 중심을 이동시키면 된다. 하체도 자연스럽게 스윙을 따라가는 정도이다.
스윙보다 중심이동에 비중을 두게 되면 스윙 크기가 커질 수 없다는 점 반드시 염두해 두어야 한다. 또 지나치게 출렁이는 듯한 중심이동 또한 바람직하지 않다.

요약하면 다음과 같다. 포핸드 롱 스윙은 3시에서 12시 크기로 하는 것이 좋으며, 임팩트 위치는 조금씩 다를 수 있지만 백스윙을 시작한 한 뼘 앞 위치한 2시 위치에서 공이 맞는다 생각하면 된다.

백스윙(Back swing)[1]이 공에 힘을 가할 수 있는 파워라 한다면, 팔로우스루(Follow through)[2]는 정확성을 높이는데 기여한다고 이해하면 좋을 것 같다. 어느 한쪽에 치우치지 않고 파

1 백스윙(Back swing): 공을 칠 때 반동을 주기 위하여 라켓을 뒤로 빼는 동작
2 팔로우스루(follow through): 공을 치고난 마무리 동작

워와 정확성 두 가지를 같이 가져가는 스윙이 올바른 스윙이라 말할 수 있다.

포핸드 롱의 스윙의 구조가 머릿속에 그려지면 그때부터는 공을 맞추기 시작하는데 이 때 중요한 것은 강하게 치는 것이 아니다. 약하더라도 올바른 스윙으로 랠리 횟수를 많이 치는 것이 중요하다. 목표한 랠리 횟수에 도달하면 그때부터는 강하게가 아닌 박자가 빠르게 연습해야 한다. 스윙을 만들기→랠리 횟수를 많이→박자를 빠르게→강하게 순으로 연습을 진행하는 것이 효율적이다.

스윙 만들기 ▶ 랠리 횟수를 많이 ▶ 박자를 빠르게 ▶ 강하게

잘못된 동작

1. 임팩트 시 라켓 면이 바깥쪽(4시 방향)을 바라본 각도
2. 임팩트 시 라켓 면이 안쪽으로 감긴(2시 방향) 각도
3. 12시 방향에서 상대에게 앞면 러버가 보이는 경우
4. 12시 방향에서 상대에게 뒷면 러버가 보이는 경우
5. 스윙의 크기가 지나치게 크거나 작은 경우
6. 타점이 탁구대 아래로 내려가는 경우
7. 스윙의 들어가고 나오는 속도가 다른 경우

2. 백핸드 롱(Back hand long)

백핸드 롱은 짧게 받아쳐 보낸다고 해서 백핸드 쇼트라고도 부른다. 본 교재에서는 백핸드 롱으로 정의하고 서술하고자 한다. 백핸드 롱이 어떤 기술이냐고 질문을 한다면 한 마디로 속도와 코스의 기술이라 표현할 수 있다. 포핸드 롱보다 강도 면에서는 약하지만 속도를 빨리 하거나 코스를 잘 나누어 시간차 공격을 한다면 아주 강력한 기술이 되기 때문이다. 백핸드 롱이 강력한 상대를 만나면 마치 벽을 만난 것처럼 경기중 칠 곳이 없게 느껴져 게임하기가 어렵기 때문이다.

백핸드 롱의 스윙 방법은 다음과 같다.

 백스윙	백핸드 롱은 테이블 왼쪽 모퉁이에 위치하며 이때 두 다리가 어깨너비로 나란히 서되 오른손잡이 기준으로 오른발이 약간 앞으로 서는 것이 좋다. 라켓을 7시 방향에 두고 라켓의 각도는 90°를 유지한다. 이때 라켓을 배 앞쪽으로 가까이 둬야 공을 길게 보낼 수 있다.
 임팩트	배 앞에서 시작된 스윙은 그보다 한 뼘 앞 지점에서 임팩트 하게 된다. 시작할 때 각도가 90°였다면 임팩트 각도는 그보다 약간 숙여지며 올라가야 한다.
 팔로우스루	스윙의 방향은 1시 방향이며 자신의 팔 길이만큼 30cm 이상 뻗어준다. 라켓의 각도는 점점 숙여져서 45° 정도로 숙여지며 마무리 된다. 배 높이에서 시작한 스윙은 마지막에 명치 높이 또는 네트보다 조금 높게 올라가야 한다.

포핸드 롱을 생각하면 백핸드 롱도 9시방향 왼쪽 몸통밖으로 라켓이 위치할 것이라 생각하기 쉬운데 백핸드 롱 라켓 위치는 배의 정 중앙 7시 방향에 위치한다. 백핸드 롱을 할 때는 몸통 밖으로 라켓이 몸통밖으로 나가지 않게 하는 것이 중요하다. 그 이유는 포핸드와 달리 안쪽 근육을 사용하게 되기 때문에 팔이 흔들리기 쉽기 때문이다. 다시 말해서 내가 감당해 낼 수 있는 범위 안에 스윙이 이루어져야 흔들림이 없이 안정성 있고 강력한 공을 보낼 수 있다. 국가마다 탁구를 치는 스타일이 약간은 다른데 유럽 선수들은 신장이 크기고 팔다리가 길기 때문에 아시아 선수들에 비해 백핸드 롱을 옆구리 쪽에 두고 몸통 밖에서 벗어나서 하는 편이다. 반면 아시아 선수들은 상대적으로 신장이 작기 때문에 본인의 컴플렉스를 보완하고자 동작을 작고 간결하게 하는 편이다. 그래서 국내선수들의 백핸드 롱은 몸통을 크게 벗어나지 않는 범위 내에 있다는 점 참고하기 바란다.

라켓을 7시 방향에 두고 라켓의 각도는 90°를 유지하며 본인의 팔 길이만큼 적게는 30cm에서 길게는 50cm정도 되게 1시 방향으로 길게 뻗어준다. 이때 라켓의 각도는 시작 각도보다 점차 숙여져 마지막 라켓 각도는 45°까지 숙여진다. 또 시작 높이보다 마지막 끝나는 높이가 명치 높이로 올라가는 구조이다. 그 이유는 테이블 중간에 네트가 설치되어 있기 때문에 네트를 넘기는 스윙구조로 이해하면 되겠다. 모든 기술의 스윙 크기는 처음 배우는 대상을 기준으로 설명하기 때문에 크게 느껴질 수 있으며, 반복적인 연습을 통해 본인의 스타일에 맞는 스윙 크기로 만들어 가면 된다. 아마추어보다 선수들의 스윙 크기가 간결한 이유는 수많은 훈련을 통해 군더더기 없이 불필요한 스윙을 제거했기 때문이라 할 수 있다.

백스윙

임팩트

팔로우스루

측면에서 바라본 백핸드 롱 동작

잘못된 동작

1. 라켓 헤드가 지나치게 올라가거나 내려갈 때
2. 스윙의 시작이 몸통 밖으로 벗어날 때
3. 스윙의 방향이 몸통 밖으로 벗어날 때
4. 앞으로 나가면서 라켓 각도가 뒤집어 질 때
5. 스윙의 마지막의 높이가 네트 높이보다 낮게 끝날 때

3. 풋워크(Foot Work)

과거 선수들을 지도했을 당시 스카웃 할 대상자를 선정하려할 때 나름 선택하는 기준이 있었는데 그중 하나가 풋워크[3] 능력이 탁월한가를 보는 것이었다. 빠른 움직임을 만들어 내는 것이 쉽게 이루어지지 않기 때문이다. 이처럼 풋워크는 탁구라는 민첩성을 요구하는 탁구 종목에 있어 매우 중요한 능력으로 생각된다.

모든 종목의 스텝[4]이 있듯이 탁구 또한 스텝이 있다. 스텝은 크게 1-2-3 스텝으로 나누어진다.

3 풋워크(foot work): 탁구에서 발놀림 또는 발을 쓰는 기술
4 스텝(step): 운동경기중 발을 내디뎌 체중을 옮기는 동작

1) One-step

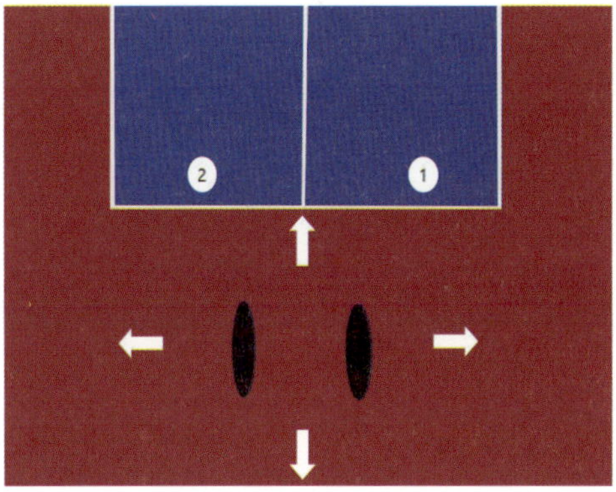

1 스텝은 어느 방향이든 한발만 뻗어도 처리가 가능할 때 주로 1 스텝을 사용한다. 컴퓨터 자판의 방향키처럼 전-후-좌-우 공의 방향에 따라 왼발 또는 오른발이 한발만 비켜주거나 따라가 주는 움직임을 1 스텝이라고 한다. 이 1 스텝은 한발만 움직여도 공을 칠 수 있는 범위 내 공만 해당된다.

2) Two-step

2 스텝을 설명하면 학생들은 입시체육에서 진행되는 사이드 스텝(side step)과 같냐고 질문을 한다. 빨리 했을 때 얼핏 보면 비슷해 보일 수 있으나 자세히 들여다보면 다름을 알 수 있다.

한 선수가 네트 앞 짧은 볼을 받기 위해 1 스텝으로 움직여 받아넘기고 있다. 탁구의 보폭은 어깨너비가 좋지만 때에 따라서 넓어졌다가도 다시 어깨너비로 돌아오면 된다. 단 계속 넓은 보폭을 유지하는 것은 바람직하지 않다.

2 스텝은 1 스텝처럼 한발로는 해결이 되지 않을 때 두 발이 움직여주는 2 스텝이 사용된다. 2 스텝은 1 스텝과 달리 상 · 하체의 움직임이 자연스러워질 때까지 반복적인 연습이 필요하다. 2 스텝의 방법은 다음과 같다.

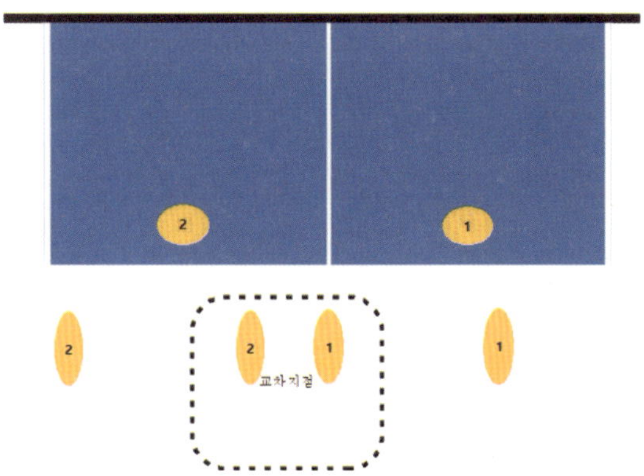

2 스텝의 (좌)①지점, (우)②지점

2 스텝은 반드시 ①지점부터 ②지점 범위까지 움직여야 한다. ①지점의 공을 처리 후 ②지점의 공을 움직여서 처리해야 하는 방식이다. 다리는 어깨너비를 유지해야 하며 ①위치에서 ②위치로 가볍게 점프하여 이동하는 것이다. 이때 오른발과 왼발이 교차하는 지점을 갖는다. 교차 지점에서 두 다리가 살짝 닿는 것이 자연스러운 현상이며 마치 사이드 스텝을 하듯이 가볍게 점프하여 이동한다. 이때 주의사항은 지나치게 점프를 높이 뛰면 체력 저하가 빨라져 연속적으로 스텝을 뛰기가 어렵다. 그러므로 점프를 하되 바닥 지면에서 높이 뛰기보다는 바닥에 발을 살짝 끌며 사이드 스텝을 하는 것이 바람직하겠다. 처음 풋워크 스텝을 배울때에는 팔동작은 하지 않고 다리만 가볍게 걸으며 동작을 익힌다. 천천히 걸으며 동작을 익히고 스텝이 잘 될 경우 가볍게 뛰어본다. 가볍게 뛰는 동작 또한 잘 된다면 팔 동작과 스텝을 동시에 진행해도 좋다. 상체의 포핸드 롱 스윙과 스텝이 자연스럽게 된다면 그때 공을 쳐도 좋다. 시작은 포핸드 코스 ①위치에서 먼저 시작되며 백핸드 코스 ②위치로 이동하여 공을 처리한다.

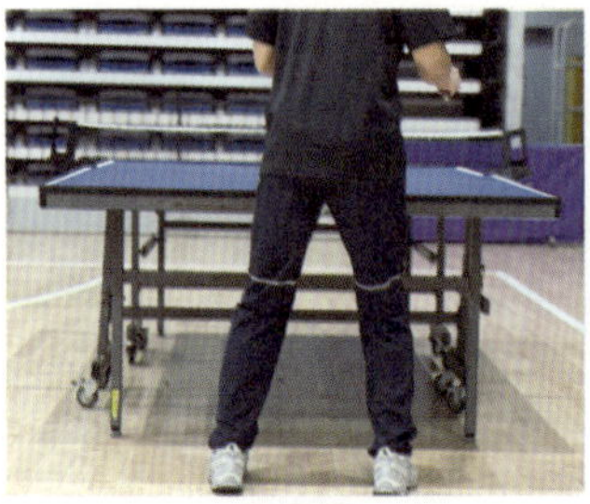

①지점

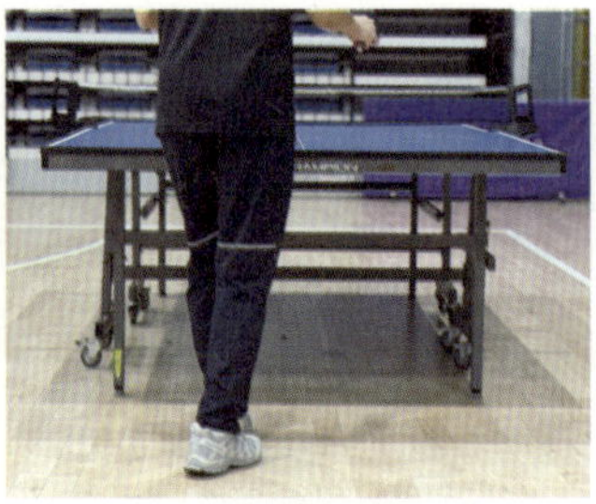

교차지점

②지점

2 스텝 동작

필자는 풋워크를 처음 배우는 사람들에게 항상하는 질문이 있다. 풋워크를 나눠주는 쪽과 움직이는 쪽 중 어느쪽이 더 어렵겠냐는 질문을 하면 대부분의 사람들이 풋워크를 하는 쪽이 어려울 것 같다고 답을 한다. 그러나 실제 두 가지를 교대로 다 해봤을 때 나눠주는 쪽이 훨씬 어렵다고들 이야기한다. 그 이유는 일정하게 ①지점과 ②지점을 한번씩 나눠주기가 어렵기 때문이다. 이때 나눠주는 사람은 상대방의 어깨너비를 기준으로 상대의 오른쪽(①지점), 왼쪽(②지점)으로 한번씩 나눠주면 된다. 대부분의 사람들이 나누기가 잘되지 않는 이유는 스윙의 방향과 크기가 달라져야 하는데 똑같이 공을 치기 때문이다.

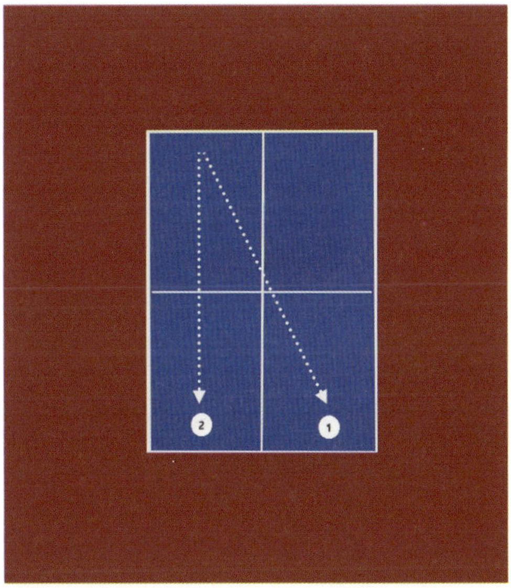

①지점(대각선)으로 칠 때 라켓 각도

②지점(직선)으로 칠 때 라켓 각도

①지점은 정면을 바라봤을 때 대각선 방향이기 때문에 포핸드 포어의 기본 스윙 크기

인 3시에서 12시 방향으로 스윙을 하면 된다. 반면 ②지점은 직선방향 이기 때문에 스윙 크기가 약간 달라져야 한다. 대각선보다 조금 짧은 3시에서 1시 방향 정도로 스윙이 작아져야 ②지점으로 정확히 보낼 수 있다. 그 부분 참고하여 연습하는 것이 좋다. 반드시 나눌 수도 있으며, 2 스텝으로 움직이는 것까지 두 가지 기능이 가능해야 실력향상이 빠르게 이루어질 수 있다는 점을 기억해야 한다.

3) Three-step

3 스텝은 이미 배운 1 스텝과 2 스텝을 응용한 것이다. 예를들어 2 스텝으로 움직여도 공을 따라가기 짧은 느낌이 있을 때 한발을 더 내보내 3 스텝을 완성하는 것이다. 이때 마지막 내보내는 발은 오른발이든 왼발이든 어느 발이 들어가도 가능하다. 경험상으로 조금 먼 거리일 때 왼발이, 가까울 때 오른발이 가는것이 좋다. 탁구의 스텝은 머리로 생각하면 복잡하고 어려운 일이다. 사람의 몸은 한가지 동작을 익힐 때 60일 정도가 지나야 그것을 온전히 받아들이고 익힐 수 있다고 한다. 따라서 처음에는 느리던 움직임도 시간이 지나면 스텝의 속도와 공을 따라가는 반응속도가 점차 줄어들게 될 것이다.

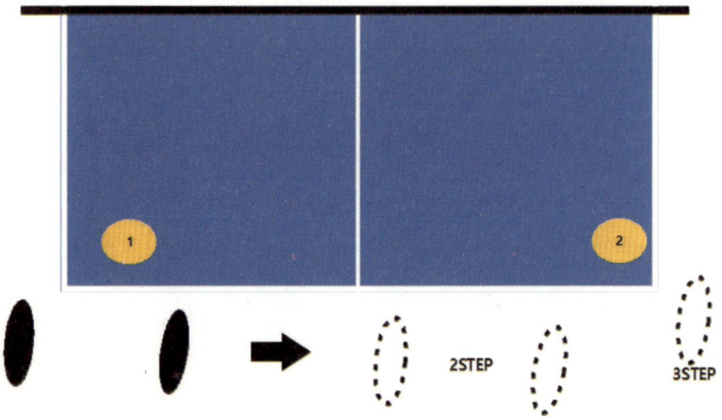

①지점

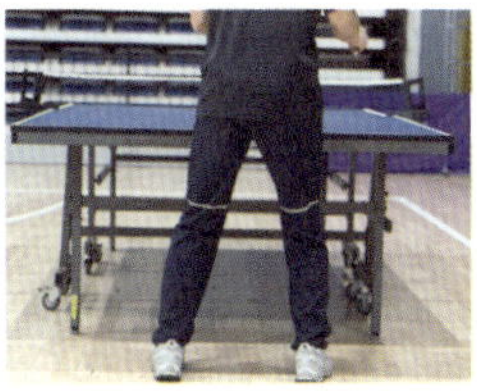

②지점

③지점 오른발 사용

③지점 왼발 사용

③지점 왼발이 들어가는 경우

③지점 오른발이 들어가는 경우

잘못된 동작

1. 기본자세에서 지나치게 왼발을 앞으로 넣는 자세
2. 스탠스가 지나치게 넓은 자세
3. 스탠스가 지나치게 좁은 자세
4. 공을 치면서 이동하는 습관
5. 지나치게 위로 많이 점프하는 습관

풋워크 2 스텝 방법은 다음과 같다.

1. 테이블 오른쪽에 기본자세로 선 다음 1지점으로 다리를 교차해 걸으며 이동해 본다.
2. 2지점에 도착한 발의 모양을 확인한 뒤 1지점으로 다리를 교차해 걸으며 이동해 본다.

3. 연속동작으로 5~10회 가량 걸으며 스텝을 연습해 본다.
4. 이제는 가볍게 뛰면서 5~10회 가량 스텝을 뛰어본다.
5. 포핸드 롱의 스윙과 함께 2 스텝을 같이 뛰어보도록 한다. 처음에는 팔과 다리의 박자가 맞지 않을 것이다. 그것은 자연스러운 현상이며 반복훈련을 통해서 점차 매끄럽게 수정해 나가면 된다. 이 과정도 5~10회 가량 스텝을 뛰면서 팔 동작까지 연습해 본다.
6. 팔과 다리의 동작들이 자연스럽고 연결되는 동작들이 나오면 그때 공을 쳐볼 것이다. 처음에는 느린 박자로 랠리 해 본다. 이것 또한 5~10회가 되는지 확인한다.
7. 이제는 움직임과 공을 치는 박자를 빨리하여 랠리 해본다. 이것 또한 5/10회가 매끄럽게 되는지 확인한다.

①지점

교차지점

교차지점

팔 동작 없이 스텝만 걸으면서 ▶ 팔 동작 없이 스텝만 뛰면서 ▶ 팔과 다리를 동시에 뛰며 ▶ 천천히 랠리 ▶ 빨리 랠리

4. 불규칙(Random)

어느 교본을 봐도 불규칙을 하나의 기술로 본 교본은 없다. 본 교재에서는 불규칙을 하나의 연습방법으로 보고 서술하도록 한다. 불규칙은 말 그대로 '무작위' 또는 '랜덤'으로 오는 공을 처리하는 것으로 정의하고자 한다. 랜덤의 사전적 의미는 규칙성이 보이지 않으며 무작위로 발생한다는 것이다. 탁구 기술에서 불규칙이 그러하다. 아무데나 무작위

로 오는 공을 처리하는 방식인데 이 불규칙을 잘하기가 은근 어렵다고들 말한다. 포핸드 롱, 백핸드 롱, 스텝, 전환 능력, 판단력이 요구되는 총망라한 연습방법을 불규칙이라고 한다. 이 불규칙 한 가지만 평가해도 그 사람의 실력이 가늠될 정도로 어려운 연습방법이다. 언제 어떻게 올지 모르는 볼을 예측하며 쳐야하는 게임 능력과 아주 유사한 연습방법이라고 말할 수 있겠다.

불규칙을 설명하기에 앞서 인간의 몸에서 움직임이 어떻게 일어나는지에 대해 먼저 알아야 한다. 롭 그레이[5]는 움직임이 일어나는 단계를 4단계로 나뉜다고 서술하였다.

지각단계	인지단계	의사결정단계	제어단계
인간은 환경으로부터 시각, 청각, 후각 등을 통해 정보를 수집한다.	수집된 정보를 분석하고 해석하고 예측한다.	분석된 정보로 움직임을 계획한다.	움직임 계획을 실행한다.

이것이 움직임이 일어나는 4단계인데 이것은 반복적인 학습을 통해서 견고해지고 그 반응 시간은 단축될 것이다.

아주 간단한 움직임도 이러한 단계를 거쳐 움직임을 익히는데 시속 60km가량의 탁구공을 단계 없이 어떻게 구분하고 처리하겠는가?

대부분 처음 불규칙을 해본 사람들은 공이 어디로 올지 전혀 가늠되지 않는다고 호소한다. 그 이유는 탁구대에 떨어지는 공만 보기 때문이다. 불규칙을 잘하기 위한 방법은 다음과 같다.

5 롭 그레이(Rob Gray): 『인간은 어떻게 움직임을 배우는가』의 저자.

1단계
이 지점은 상대방의 동작을 예측하는 단계이다.
상대의 스윙 크기와 라켓 각도를 봐야한다. 속이는 동작이 익숙한 상대라면 이 지점을 더 신중하게 봐야 할 것이다.

2단계
이 지점은 공이 넘어오는 방향을 예측하는 단계이다. 이 넘어오는 방향만 잘 봐도 노터치 하는 일은 없을 것이다. 이 지점에서 방향이 바뀌는 일은 거의 없다고 봐야한다.

3단계
최종적으로 테이블에 맞는 것을 확인하는 단계이다. 대부분 초보자들이 가장 많이 보게되는 단계이다. 이 단계만 확인하면 공을 대처하기에 늦을 수 있다.

1단계 임팩트 각도 | 2단계 네트를 넘을 때 공의 방향 | 3단계 테이블에 맞는 지점

위의 사진과 같이 1/2/3단계로 나누어 공을 확인하길 바란다. ①단계에서는 상대방의 모션 즉 상대방의 라켓과 동작을 봐야한다. 선수들의 경기를 보면 공이 오기도 전에 알아차리고 움직임이 먼저 이루어 지는것을 볼 수 있는데 그것은 상대의 동작으로 공을 예측하기 때문이다. 그래서 그리고 ②단계에서 네트 가까이 어느 지점으로 넘어가는지를 확인하고 마지막으로 ③단계 탁구대에 맞는 위치를 확인해야 한다. 대부분의 사람들은 마지막으로 탁구대에 맞는 위치만 확인하는 경우가 많다. 탁구공은 굉장히 빠르고 코트 길이도 짧기 때문에 순간적으로 탁구대에 맞는 것만으로 판단하기에는 늦을 수 있기 때문이다. 불규칙을 할 때 이 1-2-3단계로 확인하는 방법을 사용하면 시간적으로 여유가 생기고 시각적으로도 시야가 넓어질 것이다.

불규칙은 포핸드와 백핸드의 전환능력을 올려주기 위한 연습이라 할 수 있다. 어떠한 상황에서든 빠르고 원활한 전환을 만들기 위해서는 불규칙 연습은 필수이다. 랜덤으로 오는 볼을 처리하는 원칙은 없지만 포핸드 범위내의 볼은 포핸드 기술로, 백핸드 범위내의 볼은 백핸드 기술로 처리하는 것이 용이하다.

또 불규칙을 하다보면 가장 어려운 코스는 몸쪽 미들 코스이다. 대부분의 사람들은 미들이라 하면 탁구대의 가운데를 생각하기 쉽지만 상대의 몸통이 미들이라 생각해야 한다. 어디에 서 있든 몸통 가운데 처리가 가장 어렵기 때문이다. 세계적인 유명선수들도 확실하게 득점을 내고자 할때에는 몸쪽 공격이 이루어지는데 그만큼 받기 어렵기 때문이라 할 수 있다. 불규칙 도중 몸쪽으로 왔을때에는 정해진 기술은 없다. 순간적인 판단으로 빠르고 잘 할 수 있는 기술로 받아야 한다. 탁구에는 정해진 답은 없으며 몸쪽은 자세보다는 느낌대로 받아야 한다. 큰 틀만 벗어나지 않는다면 '자신이 가장 잘하는 것을 살리고 부족한 것은 보완하는 것이 승리하는 탁구'다 라고 할 수 있다.

자신의 몸쪽으로 온 공을 힘겹게 받아 넘기고 있다

모든 기술이 완벽한 인간은 없다. 자신의 장점과 단점을 정확히 알고 장점은 어떠한 순간에도 통할 수 있도록 강력하게 만들고 단점은 어떻게 보완해나가느냐가 그 사람의 진짜 실력이라 할 수 있다.

5. 커트(Cut)

이전까지 설명한 기술들은 변화가 없는 무회전 기술들 이었다면 커트기술부터는 회전(spin)이 들어가는 기술로 이해하면 되겠다. 커트의 사전적 의미를 살펴보면 "베어내다", "잘라내다"라는 의미이다. 잘라내고 베어내는 것과 유사한 동작과 각도로 공을 깎아서 낮게 보내는 기술이 커트라 할 수 있다. 탁구 기술 중 가장 낮게 보내야 하며 강도에 있어서는 가장 약하게 처리하는 기술이라 표현할 수 있다. 여기에서 강도는 때리는 정도를 의미한다. 커트는 공을 때리는 것이 아니라 문질러 회전을 줘야하는 기술로서 때려서는 회전을 주기 어렵다. 이렇게 커트를 설명하다보면 많은 학생들이 그런 질문을 한다. 일명 커트는 회전을 줘야하는데 회전을 강하게 주려면 공을 더 세게 때려야 하는거 나니냐고 되묻곤 한다. 말 그대로 깎아 보내야하기 때문에 다른 기술의 스윙과 다르게 정점보다 높은 위치에서 시작한다는 특징이 있다. 예를들어 우리가 연필을 깎을때나 질긴 로프를 칼로 베어낼 때 두들겨 잘라내지는 않듯이 커트할때의 타구감은 연필 또는 로프를 잘라낼 때의 느낌으로 문지르며 체중을 실어 깎아 보내야 한다. 커트 이전 기술들의 각도가 90°를 유지했다면 커트 각도는 그것보다 뒤로 눕혀진 45° 정도가 이상적인 커트 각도이다.

커트는 포핸드 커트와 백핸드 커트로 나눌 수 있다.

1) 백핸드 커트(Back hand cut)

백핸드 커트는 센터라인을 기준으로 테이블 왼쪽 모퉁이에 위치하며 이때 두 다리가 어깨너비로 나란히 서되 오른손잡이 기준으로 오른발이 약간 앞으로 내밀며 서는 것이 좋다. 라켓의 각도는 45°로 가슴 높이 정중앙에서 시작한다. 이때 라켓의 각도처럼 스윙의 방향도 45°를 유지하며 탁구대와 가깝게 아래쪽으로 내린다. 이때 염두 해둬야 할 것은 스윙의 궤도가 슬라이드 각도인 45°로 내려와야지 "ㄴ"자로 홈을 파내듯이 스윙을 하면 공은 잘 맞지 않을 것이다. 이 방법은 공이 맞지 않는 헛손질의 원인이 되기도 한다.

백스윙부터 피니시 동작까지 스윙의 크기는 펼 수 있는 본인의 팔 길이만큼이 좋으며 성인 기준으로 적어도 30cm 이상이 되도록 스윙해야 한다. 대략 여성은 30cm 남성은 40cm 정도 크기가 좋으며 신장과 본인의 팔길이에 맞춰 스윙의 크기를 정하면 된다. 예를들어 신장이 큰 대상이 너무 작은 스윙을 한다거나, 작은 신장의 대상자가 지나치게 큰 스윙을 한다면 바람직하지 않기 때문이다. 커트 스윙은 몸통 안에서 이루어져야 하며 몸통 밖으로 나가는 자세는 바람직하지 않다. 커트는 공의 뒷부분을 위에서 아래로 깎아 보내야 하는데 몸통 밖으로 나가는 스윙은 공의 옆부분을 맞춰 옆회전이 들어가기 때문이다. 완벽한 커트의 구질은 깎아서 보냈을 때 상대방이 네트에 걸리는 백스핀 변화가 커트의 올바른 변화라 말할 수 있다. 예를들어 상대방과 커트를 랠리했을 때 유독 공이 뜨고 밖으로 나간다면 옆회전이 들어왔을 확률이 크다. 또 커트는 다른 기술과 다르게 임팩트 순간 공을 가격한다는 느낌보다는 공을 문지르듯 묻혀 맞는 것이 중요하다. 공을 가격하며 때리면서 맞게되면 공의 회전은 줄어들 것이다.

백스윙

백핸드 커트는 센터라인을 기준으로 테이블 왼쪽 모퉁이에 위치하며 이때 두 다리가 어깨너비로 나란히 서되 오른손잡이 기준으로 오른발이 약간 앞으로 내밀며 서는 것이 좋다. 라켓의 각도는 45°로 가슴 높이 정중앙에서 시작한다.

임팩트

임팩트 위치는 가슴높이에서 한 뼘 아래 지점에서 임팩트 하게 된다. 공의 뒤 아래 부분으로 라켓이 들어가면 맞는 느낌이다. 이때 라켓에 각도는 조금 더 얇아진 25° 정도이다. 임팩트 시 타구 느낌은 러버에 오래 머무는 느낌으로 스넵 사용을 해주면 회전을 주는데 도움이 된다.

팔로우스루

임팩트 후에는 탁구대에 라켓이 닿을 것처럼 길게 뻗어준다. 이때 반동을 주면서 상체를 숙여주면 공을 길게 보낼 수 있다.

백스윙

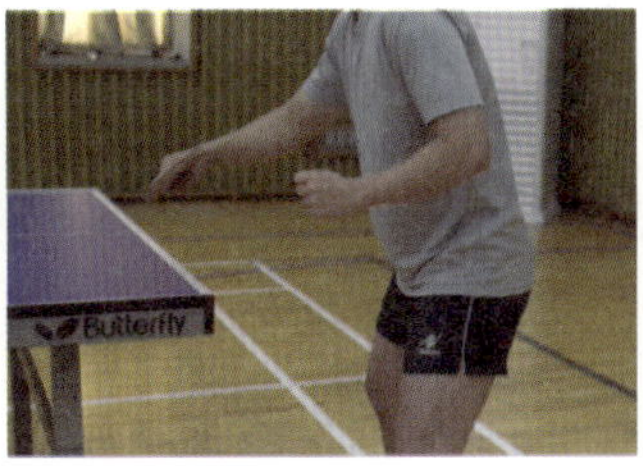

임팩트

팔로우스루

측면에서 바라본 백핸드 커트 동작

잘못된 동작

1. 임팩트 시 라켓의 각도가 두꺼울 때
2. 시작의 위치가 명치 부근이 아닌 아래쪽에서 시작할 때
3. 스윙이 몸통 밖으로 벗어날 때
4. 스윙의 궤도가 슬라이드 각도인 45°가 아닌 "ㄴ"자로 이루어질 때
5. 임팩트 순간 공을 때릴 때

2) 포핸드 커트(Fore hand cut)

포핸드 커트는 센터라인을 기준으로 탁구대 오른쪽에 위치하며 이때 두 다리가 어깨너비로 나란히 서되 오른손잡이 기준으로 오른발이 약간 안으로 들어가서 서는 것이 좋다. 백스윙의 시작 높이는 가슴 높이로 3시 방향에 라켓을 둔다. 이때 라켓의 각도는 45°가 되어야 한다. 이때 염두해둬야 할 것은 스윙의 궤도가 슬라이드 각도인 45°로 내려와야지 "ㄴ"자로 홈을 파듯이 스윙을 하면 백핸드 커트와 마찬가지로 공은 잘 맞지 않을 것이다. 이것은 헛스윙의 원인이 되며 날면에 맞는 원인이 되기도 한다. 전체적인 스윙의 크기는 본인의 팔이 펴질 수 있는 크기이며 여성은 적어도 30cm 이상으로 남성은 40cm 이상으로 스윙하는 것이 좋다. 간혹 선수들의 커트 스윙은 작고 짧은데 그렇게까지 크게 할 필요가 있냐는 질문을 할 수도 있을 것이다. 처음에는 교본에 나와있는 정석 스윙을 하다가 충분히 감각을 익혔다면 그때 선수들처럼 군더더기 없는 간결한 스윙을 해도 좋겠다. 마지막 피니쉬 동작에서 몸 밖으로 라켓이 나가지 않는 것이 중요하다. 또 임팩트 시 가격하지 않고 문지르는 느낌으로 묻히는 느낌으로 묻혀 맞는 것이 좋다.

백스윙

포핸드 커트는 탁구대 오른쪽에 위치하며 이때 두 다리가 어깨 너비로 나란히 서되 오른손잡이 기준으로 오른발이 약간 안으로 들어가서 서는 것이 좋다. 백스윙의 시작 높이는 가슴 높이로 3시 방향에 라켓을 둔다. 이때 라켓의 각도는 45°가 되어야 한다. 이때 3시 방향 이상으로 뒤로 뺄 경우 공을 깎지 못하고 때릴 수 있으니 주의해야 한다.

임팩트

임팩트 위치는 가슴높이에서 한 뼘 아래 위치이다. 이때도 45°에서 시작한 각도는 임팩트 순간에는 조금 더 얇아진 25° 정도이다. 대부분의 사람들이 백핸드 커트보다 포핸드 커트를 더 강하게 때리게 되니 묻혀 보내는 느낌으로 공을 깎아 보내야 한다.

팔로우스루

마지막 라켓 각도는 25° 정도이며 라켓이 탁구대 가까이 라켓이 닿을 것처럼 내려 보낸다. 이때도 마찬가지로 상체의 반동을 이용해 숙여주면 공을 낮고 길게 보낼 수 있다.

잘못된 동작

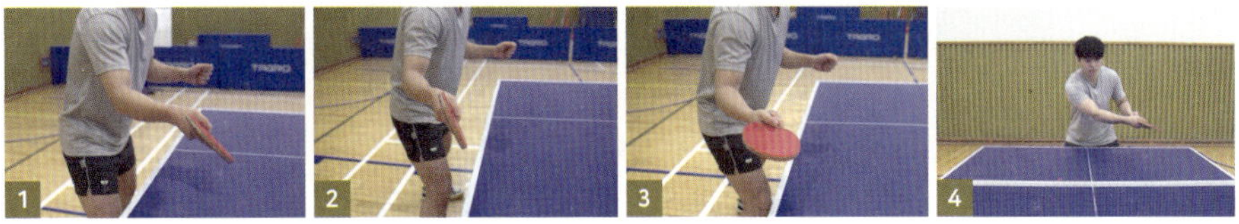

1. 라켓의 시작 위치가 가슴 높이보다 낮을 때
2. 임팩트시 라켓의 각도가 두꺼울 때
3. 라켓의 각도가 지나치게 얇을 때
4. 스윙의 궤도가 몸통 밖으로 벗어날 때
5. 임팩트 순간 공을 때릴 때

Chapter 04
응용기술

Chapter 04

응용기술

1. 서브(Serve)

서브는 1구 공격이다. 탁구에서 가장먼저 치는 기술이 서브이기도 하지만 가장 강력한 공격을 1구부터 시작할 수 있다는 의미이기도 하다. 학생들에게 좋은 서브는 무엇인가? 라는 질문을 하면 대부분 어느 특정 서브에 대해 대답하는 경우가 많다. 예를 들면 스카이 서브나 코브라 서브, 네트 앞에 짧게 똑 떨어지는 서브, 깎기 서브 등 특정 서브를 말하기도 한다. 그러면 필자는 좋은 서브란 상대방이 가장 받기 어려워하는 변화와 코스로 넣는 것이라고 말한다. 왜냐하면 탁구는 상대적이기 때문에 서브가 아무리 좋아도 상대에 따라 그 서브가 통하기도 하고 통하지 않을 수도 있기 때문이다. 유명 선수의 경기 영상을 보면 유독 서브 넣기 전에 상대방을 예의주시하는 모습을 볼 수 있는데 그것은 리시브하는 상대방의 움직임의 흐름을 읽기 위함이 아닐까 생각한다. 1구 공격인만큼 순간적인 판단이 아주 중요한

탁구 동작에 있어 교과서와 같은 자세를 가지고 있는 중국의 마롱선수. 많은 탁구 선수들의 롤모델이 되고 있다.

것이 서브라 말할 수 있다.

그 다음으로 자주하는 질문은 서브의 변화는 크게 몇 개일까? 라는 질문을 하기도 한다. 적게는 2개부터 10개 이상라는 창의적인 대답들을 하기도 한다. 어떤 각도로 어느 위치에 맞냐에 따라 수십 수백 가지가 될 수도 있을 것이다. 서브 변화는 크게 3가지로 볼 수 있다. 탁구의 서브 변화가 고작 그거 밖에 안되냐고 질문하기도 하는데 아이러니하게도 그 3~4가지 변화를 받지못해 이기고 지는 경기가 바로 탁구 경기이다. 변화 못지않게 중요한 것이 서브의 코스이다. 코스는 크게 6군데로 나뉜다. 탁구대를 기준으로 포핸드, 백핸드, 미들로 나누고 이를 길게 짧게로 구분한 것이 코스이다.

이번 장에서는 서브 방법과 서브의 변화에 대해 알아보도록 한다.

> **탁구경기 핸드북에 수록된 올바른 서브의 기준(출처: 대한탁구협회, 2025. 1 검색).**
>
> 6. 서비스
>
> 2.6.1 서비스는 공이 서버의 정지된 프리핸드의 펼쳐진 손바닥 위에 자유롭게 놓인 상태에서 시작되어야 한다.
>
> 2.6.2 서버는 수직에 가깝도록 위로 공을 띄우되 회전이 일어나지 않도록 해야 하고, 공이 프리 핸드의 손바닥에서 떠난 후 적어도 16cm 이상의 높이로 올라갔다가 서버가 공을 치기 전에 어떠한 것에도 닿지 않고 내려와야 한다.
>
> 2.6.3 공이 내려올 때 서버는 공이 서버의 코트에 먼저 닿은 후 리시버의 코트에 곧바로 닿도록 쳐야 한다. 복식에서는 공이 서버와 리시버의 오른쪽 하프 코트에 연속적으로 닿아야 한다.
>
> 2.6.4 서비스가 시작된 순간부터 공이 라켓에 맞는 순간까지, 공은 시합 표면 위와 서버의 엔드 라인 뒤에 있어야 하며, 서버나 그의 복식 파트너의 착용품이나 소지품에 의해 공이 리시버에게 가려져서는 안 된다.
>
> 2.6.5 서버의 프리 암(free arm)과 손은 볼을 띄운 즉시 공과 네트 사이의 공간에서 치워져야 한다. '공과 네트 사이의 공간이란' 공과 네트, 그리고 네트의 위쪽으로 무한 확장된 것으로 정의된다.
>
> 2.6.6 주심 또는 부심으로 하여금 서비스가 해당 규정의 요건을 따르고 있는지 만족할 수 있도록 서브하는 것은 서버의 의무이다. 주심이나 부심은 규정의 요구사항에 따라 서비스가 올바르지 않다는 것을 둘 중 누구나 결정할 수 있다.
>
> 2.6.6.1 주심 또는 부심이 서비스의 적법성에 대해 의심이 될 경우에는 해당 매치의 첫 번째 경우에 한해서 경기를 중단시키고 서버에게 경고를 줄 수 있다. 그러나 같은 선수 또는 그 선수의 복식 파트너가 적법성에 의심스러운 서비스를 경고 이후에 시도할 경우에는 부정 서비스로 간주한다.
>
> 2.6.7 선수의 신체적 장애로 규정 준수가 어려울 경우, 주심은 예외적으로 올바른 서비스의 요건을 완화 시켜 줄 수 있다.

탁구경기는 유독 올바른 서브 규칙에 있어 까다로운 편이다. 올바른 서브에 대한 제한을 두지 않으면 상대를 속이는 서브가 난무해져 공정한 경기가 이루어지지 않기 때문이다. 국제탁구연맹은 공정성과 대중의 흥미 등을 고려하여 규칙을 수정 보완해나가고 있다.

1) 올바른 서브 방법

1. 서버의 프리핸드[1] 손바닥이 펼쳐진 상태여야 하며 공이 손바닥 가운데에 위치하도록 한다. 이때 공의 위치는 손 끝에 위치해서도 아니되며, 손으로 공을 감싸도 안된다. 리시버에게 공의 2/3이상이 보여져야 한다.

2. 토스 시 프리핸드가 엔드라인 밖에서 공을 수직으로 16cm 이상을 띄워야 한다. 이때 띄우는 동작에 있어서 볼의 회전이 일어나지 않아야 한다. 회전이 일어나면 그것은 일명 주먹 서브에 해당한다. 또 방해물(신체의 일부, 옷)에 부딪히는 일 없이 공을 바로쳐야 한다. 과거에 비해 스카이 서브를 넣는 사람들이 많지 않아 그럴 확률은 적으나 토스한 공이 조명이나 벽에 맞고 공을 쳐도 서브 미스에 해당한다.

3. 공이 내려오면 서버는 공을 맞춰 자신의 코트에 먼저 맞춰 보내야 한다. 공은 네트어셈블리[2]를 넘어 리시버의 코트에 들어가야 한다. 예를들어 배드민턴이나 테니스 경기는 내 코트에 맞지 않고 서브하게 되는데 탁구는 반드시 서브만큼은 자신의 코트에 먼저 맞고 보내야 함을 명심해야 한다.

4. 복식경기에서는 단식과는 다르게 일부 코트에서만 서브가 허용된다. 오른쪽 하프코트 내에서만 서브가 이루어져야지 반대쪽 코트를 넘어가게 되면 미스에 해당된다.

5. 공을 토스 할때는 탁구대 위 높이에 손이 위치해야 하며, 공을 토스하는 손이 엔드라인 밖에 있어야 한다. 왼손이 테이블 아래로 내려가거나 테이블 안으로 들어가서도 안된다.

---

1 프리핸드(free hand): 공을 치지 않는 반대손. 공을 띄우는 손

2 네트어셈블리(Net Assembly): 네트와 지주를 포함한 전체를 네트어셈블리라고 한다.

6. 공을 토스[3]한 손은 토스 한 뒤 바로 치워져야 한다. 핸드북에 의하면 '공과 네트 사이에 공간'은 그 어떤것도 있어서는 안된다고 표기하였다. 그 이유는 서브 임팩트 순간이 온전히 리시버에게 보여야 하기 때문이다. 왼손이나 몸으로 임팩트 순간을 가리려 하는 선수들이 종종 있는데 그것은 리시버가 심판에게 이의를 제기할 수 있다. 이의를 제기하면 심판과 주심이 서버가 위배되는 행동을 하는지 유심히 살피고 위배되는 행동이 있을시 첫 번째는 경고를 주고 두 번째부터는 부정으로 간주하여 스코어를 넘기게 된다. 그렇기 때문에 아마추어나 선수를 지도하는 지도자들은 가르치는 선수나 대상자가 올바른 서브를 하고 있는지 살펴볼 필요가 있다. 탁구 경기는 반드시 공정하게 이루어져야 한다는 것까지도 가르치는 것이 지도자의 몫이고 역할이라 생각한다.

7. 선수의 신체적 장애가 있을때에는 예외를 두고 요건을 완화시켜 준다고 되어 있는데 그런 경우는 극히 드문 일로 필자 또한 경험한 적 없다. 한가지 가능성을 열어두고 생각을 해보면 요즘은 너무 일찍부터 탁구를 시작하기도 하는데 신체가 작은 초등부 이하 경기에서 신체가 너무 작으면 테이블 위에서 토스하기 어려울 수도 있을 것 같다는 생각이 든다. 또 사고나 재해로 인해 왼손이 잘 펴지지 않는다든지 재빨리 치워져야 하는데 그것이 원만하지 않을 때도 완화 요건이 되지 않을까 조심스럽게 생각을 해본다.

3 토스(toss): 손바닥에서 공을 띄우는 것

잘못된 동작

1. 공의 위치가 손바닥 끝에 공을 올려 토스하면 반칙이 된다.
2. 손바닥으로 공을 쥐듯이 잡아 토스하게 되면 반칙이다.
3. 토스하는 손이 테이블 안에서 공을 토스하면 반칙이다.
4. 토스하는 손이 테이블 높이보다 내려가게 되어도 반칙이다.
5. 토스 시 공을 수직으로 띄우지 않으면 반칙이다. 많은 선수들이 임팩트하기 편하게 몸쪽으로 당겨서 던지는 경우가 많다.
6. 토스 시 손바닥에서 16cm 이상을 띄워야 하는데 손이 따라 올라가 16cm 이상을 띄우지 못했을 때 반칙에 해당한다.
7. 임팩트 시 테이블 안에서 맞으면 반칙이다.
8. 임팩트 시 팔이나 옷, 몸통으로 공을 가렸을 시 반칙이다. 공과 리시버 사이에 가려지는 것이 전혀 없도록 해야 한다.

2) 서브 위치

탁구 서브에 있어 그 위치는 아주 중요하다 할 수 있다. 선수들의 서브 위치와 아마추어의 서브 위치가 다르듯 성별과 신장, 숙련도에 따라 그 위치가 달라질 수 있기 때문이다. 선수들의 경기 영상을 보면 몸이 백사이드 밖으로 완전히 벗어나 위치하는 것을 볼 수 있다.

아래 사진은 서브 위치별 비교 사진이다.

Ⓐ센터 방향 위치

Ⓑ백 사이드 모서리 위치

Ⓒ백 사이드를 벗어난 위치

자료를 찾다보니 신유빈 선수가 중학교 시절 촬영한 서브는 Ⓐ위치였다. 그리고 최근 경기에서 본 서브 위치는 Ⓒ였다. 저작권 때문에 사진을 실을 수 없어 아쉽지만 사진을 비교해보면 성인이 된 지금의 서브 위치가 백사이드 깊이 벗어나 있음을 알 수 있을 것이다. 이는 청소년기 시절보다 성인이 된 지금이 체력면에서나 범위 또한 넓어졌다고 해석할 수 있다.

두 서브 위치에 따라 장단점은 있다.

탁구대 안으로 들어와 서브를 넣을 경우(Ⓐ센터방향 위치) 포어 사이드로 깊게 오는 리시브를 처리하기에 유리하다. 단점으로는 백 사이드까지 돌아서서 강력한 포핸드 공격을 하긴 어려울 수 있다. 그래서 백핸드가 강한 올라운드 플레이어나 포핸드 공격과 백핸드 공격이 비슷할 경우 이 서브 위치를 택하면 좋다. 순발력이 떨어진다거나 경기중 포핸드 사이드가 많이 뚫리는 아마추어들이 이 첫 번째 서브 위치를 택하면 보완이 될 수 있다.

백사이드 깊게 벗어나 서브를 넣는 경우(Ⓒ백 사이드를 벗어난 위치)는 백사이드까지 강력한 포핸드 공격이 이루어져 보다 공격적인 플레이를 할 수 있다. 단점으로는 포어 사이드 깊게 오는 리시브 볼을 처리하기가 쉽진 않기 때문에 이를 잘 처리할 수 있는 순발력과 근력이 있을 때 가능하다. 그래서 선수들도 여자 선수들보다 남자 선수일수록 더 탁구대 밖으로 벗어나는 경향을 보이고 있다. 아마추어의 경우 숙련자 또는 포핸드 공격으로 승부를 봐야 하는 플레이어들에게 이 서브 위치를 추천할 수 있다.

3) 서브의 변화

탁구 서브의 변화는 너클성, 커트성, 회전성으로 크게 세 가지로 나눌 수 있다.

너클성	커트성	회전성		
		좌회전	우회전	전진회전
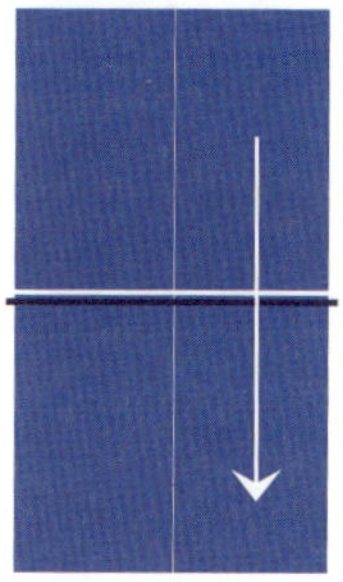	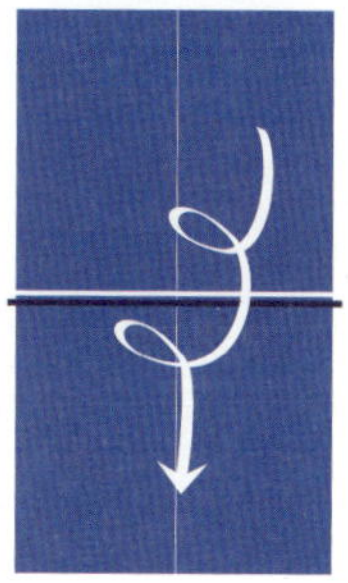	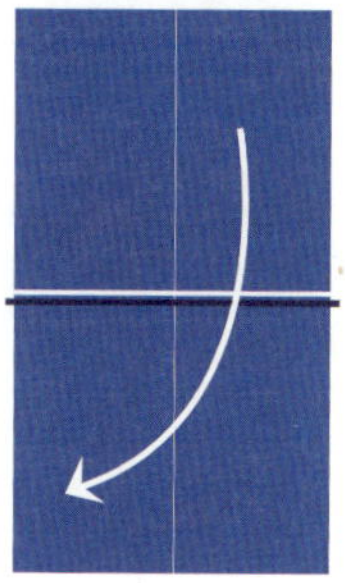	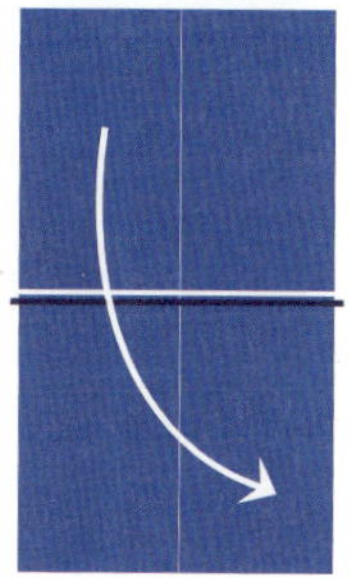	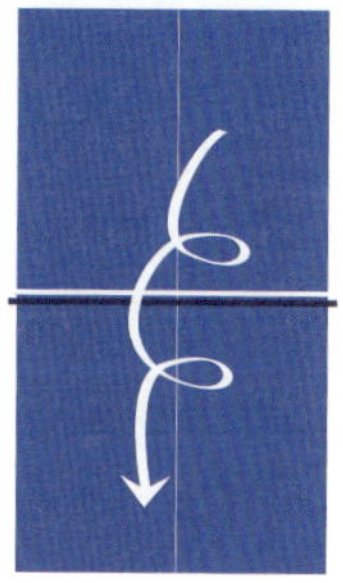
YG/훅○	YG/훅○	YG/훅×	YG/훅○	훅○/YG효율성↓

※ 훅서브와 YG서브는 서브 변화가 아닌 서브 방법에 해당된다.
훅 서브와 YG서브가 가능한 변화를 별도로 표기함

① 무회전(Knuckle)

무회전 서브는 용어 그대로 회전을 주지 않은 서브이다. 쉬운 예로 우리가 랠리할 때 넣는 기본적인 서브가 무회전 서브에 해당한다. 이 무회전 서브는 빨리, 천천히, 강하게 약하게가 모두 가능하며 임팩트 전이나 후에 속이는 동작이 필요하다. 그 이유는 무회전 서브는 변화가 없이 단순하기 때문에 트릭이 없다면 상대방이 너무 쉽게 받을 수 있는 변화이기 때문이다. 그래서 무회전 서브는 스피드 또는 트릭이 이용되어야 그 위력을 발휘될 수 있다.

무회전 서브의 공이 맞는 위치는 3시 방향으로 공의 뒤쪽을 맞추면 된다. 이때 라켓의 각도는 90°도 45° 등 어떠한 각도도 가능하다. 주로 90°도 일때는 스피드 있게 넣어 상대방의 자세를 흐트러지게 한 뒤 빠른 공격으로 연결하여 득점할 수 있다. 변화는 없지만 리시버의 자세를 흔들 수 있을 정도의 강력한 스피드가 있어야 위협적으로 느낄 수 있다.

45° 정도 눕혀진 각도에서 무회전은 볼이 라켓에 맞는 위치가 중요하다. 예를 들어 커트 서브와 같은 자세와 각도로 라켓에 맞는 지점이 아래가 아닌 위쪽에 맞게 되면 깎이

지 않고 무회전으로 들어가게 된다. 또 45° 각도로의 무회전 서브는 전략이 필요하다. 커트성 서브와 무회전 서브를 번갈아가며 넣어야 상대가 속게 될 것이다. 또 커트성 서브와 유사한 모션으로 서브를 넣을 수 있어야만 상대가 속게 될 것이다. 속이는 동작이 미비하다거나 무회전 서브가 주 서브로 빈번하게 들어간다면 상대는 더 이상 속지 않고 아주 강력한 리시브를 하게 될 것이다.

무회전 서브 정면

무회전 서브 90° 각도

무회전 서브 45° 각도

무회전 공 맞는 위치

위에서 바라본 무회전 서브 90° 각도

위에서 바라본 무회전 서브 45° 각도

② 커트성(Cut serve)

일명 깎기 서브라 불리는 커트 서브는 서브 변화 중 가장 낮고 묵직한 느낌의 서브라 할 수 있다. 올바른 커트성 서브 변화의 기준은 리시버가 받았을 때 네트로 푹 걸릴 정도의 변화라면 올바른 커트성 변화가 들어갔다고 생각하면 된다. 커트성 서브의 라켓 각도는 45° 각도로 공의 뒤 아래 부분을 베어내듯이 깎아 맞아야 한다. 대부분의 많은 사람들이 공이 라켓에 맞는 위치를 잘 몰라서 또는 각도가 올바르지 않아서 제대로 된 커트성 변화를 내지 못하는 경우가 많다.

커트 서브를 넣기위해 공을 맞춰야 하는 부분은 서브 자세에서 공의 3시 방향이며 각도는 시작은 45° 각도로 시작해서 20° 정도로 얇아지면서 공을 맞춰야 올바른 커트 변화가 생긴다.

이때 공을 맞추는 위치가 3시 방향이 아닌 6시 방향을 맞추게 된다면 올바른 커트성 변화를 줄 수 없다. 6시 방향을 맞추게 되면 라켓 각도를 눕힐 수 없고 그러면 회전성 또는 무회전으로 맞을 확률이 커지게 된다. 그래서 공이 몇시 방향에서 맞는지 그 위치 또한 굉장히 중요하다.

커트성 서브 정면

커트성 서브 각도

커트성 서브 맞는 위치

위에서 바라본 커트성 서브 각도

커트성 서브의 각도가 잘 안되는 학생들에게 필자가 흔히 하는 설명이 있다. 강가에 가서 물수제비를 해보았는가? 그 동작을 연상하며 서브를 넣어보자고 이야기한다. 과학적으로 물수제비는 평평한 돌과 수면이 이루는 각도가 20°가 될 때 가장 잘되며 45°가 되면 물에 처박힌다고 한다. 그럼 탁구와 적용했을 때 라켓의 각도는 45°로 시작하여 임팩트 마지막 시점에 더 얇게 20°를 만들어 보냈을 때 가장 많이 깎일 것으로 예상된다. 물론 사람마다 잘되는 각도가 다르고 공을 얼마나 묻혀 보내는냐에 따라 그 변화는 다르다고 할 수 있으니 참고만 하고 본인의 것으로 만들어가기 바란다.

커트 서브를 넣을 때 라켓의 각도만 맞아도 공을 깎을 수 있다. 그보다 더 큰 커트성 변화를 희망한다면 라켓 아랫부분에 공을 맞추는 연습을 해야한다. 경험에 의하면 커트서브를 라켓의 중앙에 맞췄을 때보다 라켓의 아래쪽에 맞췄을 때 변화가 더 커지게 된다. 선수들이나 탁구를 좀 친 숙련자들은 맞는 부위를 아래쪽에 맞추기가 쉽지만 처음 커트서브를 넣는 사람들은 아래쪽을 맞추기 어려울 것이다. 처음에는 가운데를 맞추다가 서서히 아래쪽을 맞추는 연습을 하는 것이 좋겠다.

더 큰 변화를 주기위해서는 임팩트 순간 느낌이 굉장히 중요하다. 예를들어 맞는 임팩트 순간이 너무 짧다거나 공을 때리게 된다면 회전의 양은 적을 것이다. 반면 라켓 위에서 공을 굴리는 느낌으로 러버에 회전이 먹어갈 수 있게 슬라이스 한다면 커트 서브의 회전량은 커지게 된다. 더 큰 커트성 서브 변화를 원한다면 스넵 사용으로 그 변화는 더 커질 것이다. 단 스넵사용은 마지막 단계에 조언을 주는 것이 옳겠다. 자칫 잘못 이해하면 손목 사용이 주 사용부위로 착각할 수 있기 때문이다.

③ 회전성(spin)

탁구의 모든 서브 중 회전성서브를 가장 넣기 어렵다고 이야기한다. 아마추어들이 회전 서브를 잘 넣을 수 있다면 게임에서 상당히 유리할 것이다. 넣기 어려운 만큼 그만큼 받기도 어려운 것이 회전 서브이다. 재미난 이야기로 이 회전 서브의 특성을 이해하지 못하면 이미 경기의 승패는 끝났다고 봐도 될 것이다. 회전 서브는 세 가지로 나뉘는데 회전의 방향에 따라 좌회전, 우회전으로 그리고 위아래로 도는 전진회전으로 나뉜다. 탁구대에 맞고 휘는 정도에 따라 그 회전량이 크다고 판단해도 좋다.

세이크핸드 전형이 펜홀더 전형보다 모든 면에 있어서 그립이 편했다면 이번 회전 서브에서 만큼은 각도가 잘 나오지 않을 것이다. 펜홀더 전형의 라켓 각도는 회전서브를 넣는데 전혀 무리가 없지만(개인의 유연성 정도에 따라 다름) 세이크핸드 전형은 각도가 잘 나오지 않는다고 느낄 것이다.

그래서 세이크 핸드 전형의 경우 회전서브를 넣을 때만 제한적으로 그립을 잠시 바꾸는데 서브 이후에는 원래 그립대로 빠르게 돌아와야 함을 명심해야 한다.

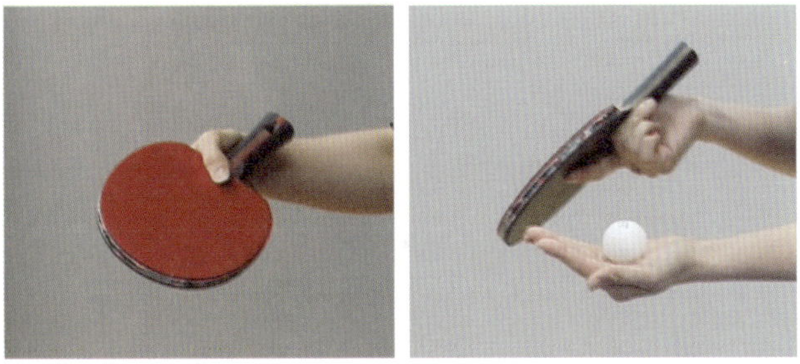

세이크 핸드 전형의 경우 서브 시에만 변형되어 잡는 그립법

엄지손가락은 나무 반 고무 반 정도 올려 두고 두 번째 손가락은 평소 잡던 위치보다 러버 중앙쪽으로 깊게 들어가 받쳐준다. 세 번째 손가락은 지지대 역할을 하듯이 손잡이에 접어 받쳐준다. 나머지 네 번째 다섯 번째 손가락은 손바닥쪽으로 구부려 접어준다.

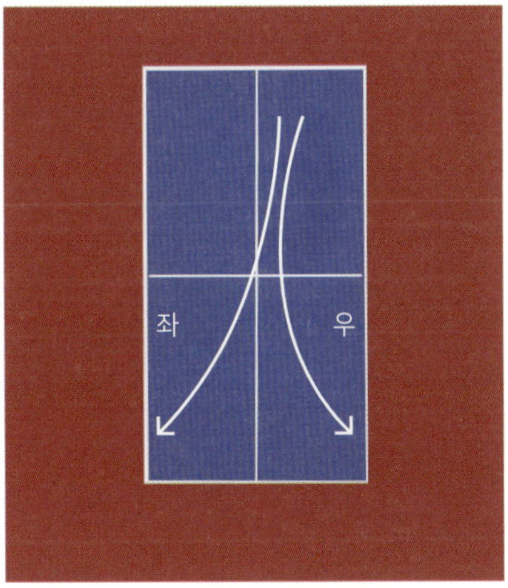

좌우 회전의 공의 방향

(1) 포핸드 회전서브

포핸드 회전 서브 위치는 오른손잡이 기준 백사이드 끝에 위치하며 상대방에게 몸의 왼쪽 측면이 보이도록 위치한다. 전체적인 스윙 궤도는 본인 어깨선 아래로 백스윙을 하며 공이 배 앞에 정확히 떨어져야 하며 임팩트 위치는 배꼽 높이 정도에서 임팩트 한다. 그 위치는 대략적으로 몸통 가운데이다. 공을 높이를 낮게 띄우게 되면 공이 빨리 떨어지기 때문에 백스윙을 비롯한 전체적인 스윙의 크기가 작아져야 하며, 공을 조금 높게 띄우면 늦게 떨어지기 때문에 백스윙이 커져도 시간적으로 여유가 있을 것이다. 올바른 서브

규칙을 지키며 낮게 또는 높게 토스하는 연습을 통해 자신만의 적당한 높이를 찾는 것이 가장 좋다.

회전 서브의 라켓 각도는 90°로 세워지며 라켓 손잡이의 끝부분이 턱쪽을 향하도록 직각으로 세워져야 하는 것이 포인트이다. 공을 맞춰야하는 방향은 공의 6시 부분에 맞아야 한다. 회전 서브의 변화가 올바르게 들어간 서브는 육안으로 봐도 커브를 그리며 꺾여 들어가게 된다. 임팩트 순간의 느낌은 공을 때리며 타구하는 느낌이 아닌 러버에 공을 굴리듯 묻히는 느낌이 들어야만 회전량이 커지게 된다.

대부분의 사람들이 제대로 된 회전성 변화를 주지 못하는 이유는 회전 서브에 적합한 각도를 만들지 못하기 때문이다. 예를들면 90°로 세워진 각도가 아닌 커트성 변화와 섞인 어정쩡한 각도로 공을 맞춰 커트성도 회전성도 아닌 서브가 들어가게 된다. 물론 커트성과 회전성이 섞인 서브가 안 좋다는 것은 아니다. 때에 따라 그런 변화가 필요하기도 하지만 100% 회전을 넣을 수 있어야 게임 시 변화도 응용이 가능하기 때문이다.

회전성 서브 정면

회전성 서브 90° 각도

회전성 서브 맞는 위치

위에서 본 회전성 서브 각도

YG서브

어드레스

임팩트

피니시

훅서브

어드레스

임팩트

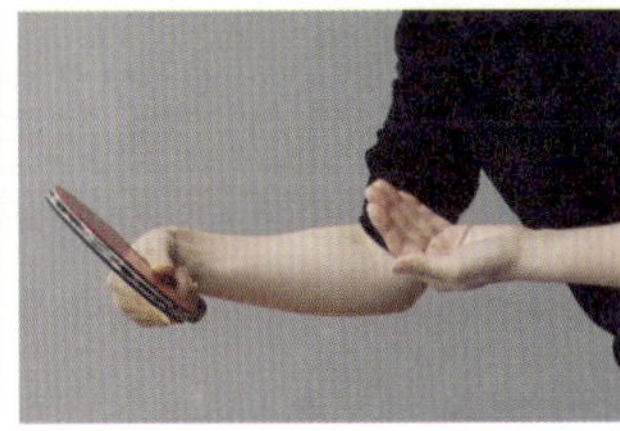

피니시

(2) 백핸드 회전서브

백핸드 서브 정면

백핸드 커트/무회전 서브 각도

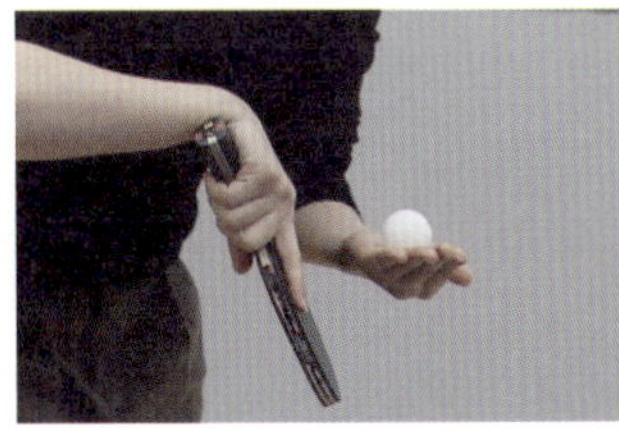

백핸드 회전성 각도

2. 리시브(Receive)

서브가 좋은 상대를 만나면 하는 것 없이 서 있다가 아무것도 하지 못하고 나오는 경우가 있다. 아마추어들이 생각할 때 선수들은 운동량이 그렇게 많고 게임의 빈도가 그렇게 많은데 서브를 못받는게 말이되나 싶겠지만 선수들도 받기 어려운 서브가 있기 마련이다. 믿기 어렵겠지만 받으면 네트로 걸리고, 받으면 튀어 나가고 또 손도 못대고 노터치 하는 서브도 있으니 말이다. 그럴 때 리시버 입장에서 멘탈이 흔들릴 수밖에 없는데 그래서 서브가 좋은 사람이 경기에 이길 확률은 매우 높은 것이다. 특히 단식경기 같은 경우 서브 코스에 제한을 두지 않고 모든 코트를 다 사용하기 때문에 좋은 서브를 가진 상대를 만나면 거의 골키퍼 수준의 심리적 압박감으로 다가올 수도 있다.

필자가 운동할 때만 해도 스카이 서브가 유행하던 시절이라 공 높이부터 무시무시한 서브들이 참 많았다. 현재는 공을 높이 띄우는 스카이 서브를 넣기보다는 다양한 각도와 모션으로의 현란한 서브를 넣고 있다. 리시브 시 주의사항을 딱 한 가지로 요약해 설명해 준다면 상대의 서브를 두려워 말고 서브 시 상대의 임팩트 각도만 잘 확인한다면 받을 수 있다고 말한다. 어찌보면 탁구는 매우 정직한 운동이기 때문에 상대가 넣은 각도 그대로 거울에 비춰진 모습처럼 받으면 된다. 단 서버는 서브의 변화를 들키지 않기 위해 페인트 모션을 사용하기 때문에 그것에만 속지 않으려고 노력해야 한다. 또 그 짧은 임팩트 순간을 절대 놓치지 말아야 한다.

이미 서브 파트에서 변화에 대해 설명했지만 리시브를 받기 위해서는 볼의 회전에 대해 이해하는 것이 매우 중요하다.

무회전 커트성 회전성

리시버 관점에서 본 회전 방향

1) 무회전성 리시브

무회전 리시브는 말 그대로 회전이 없는 서브이기 때문에 반발[4]에 대한 부담은 적을 것이다.

무회전 서브의 각도는 90°부터 15°까지 어느 각도에서나 가능하지만 마찰력이 적어 회전이 없는 상태를 말한다. 무회전 서브를 리시브할 때는 두 가지를 염두해 두고 받아야 한다. 첫째, 회전이 없는 대신 상대가 속이는 동작을 강력하게 할 것이다. 예를 들면 깎지 않았는데 깎아 보낸 것과 같은 속이는 동작을 할 것이다. 그 속이는 동작 안에는 팔 동

4 반발: 회전에 의해 공이 튕겨저 나가는 현상

작, 발 구르기 등 실제 임펙트 각도를 들키지 않으려는 여러 모션을 의미한다. 둘째 회전이 없는 대신 서브의 볼 스피드가 강력할 수도 있다. 이 두 가지만 기억하면 무회전 서브를 받는데 전혀 문제가 없을 것이다. 서브의 볼 스피드가 빠르면 얼마나 빠르겠나 싶겠지만 손도 못대고 뚫릴 정도로 빠른 서브는 상당히 빠를 수 있다.

90°
무회전

45°
무회전

라켓이 세워지면 리시브도 거울처럼 세워진 90°각도 대로 받으면 되고 라켓 각도가 45°라면 그와 같은 45° 각도대로 받으면 되는 것이 리시브의 원리라 말할 수 있다.

45° 각도라면 깎이는 것 아니냐 생각할 수 있겠지만 이미 서브 파트에서 설명한대로 각도가 45° 커트성 각도라도 본인이 문지르지 않거나 스넵 사용이 없을땐 무회전처럼 넣을 수 있다는 것을 다시 한번 기억하기 바란다.

무회전 서브를 리시브로 받을 수 있는 기술은 라켓 각도가 두꺼운 포핸드 롱, 백핸드 롱, 스매시 등이다. 선수와 숙련자는 드라이브와 두꺼운 각도 커트로도 가능하나 초보자는 불가능하다.

2) 커트성 리시브

커트성 리시브도 리시브의 원리를 적용하여 상대가 어느 정도의 각도로 맞았느냐에 따라 그 변화를 예측할 수 있다.

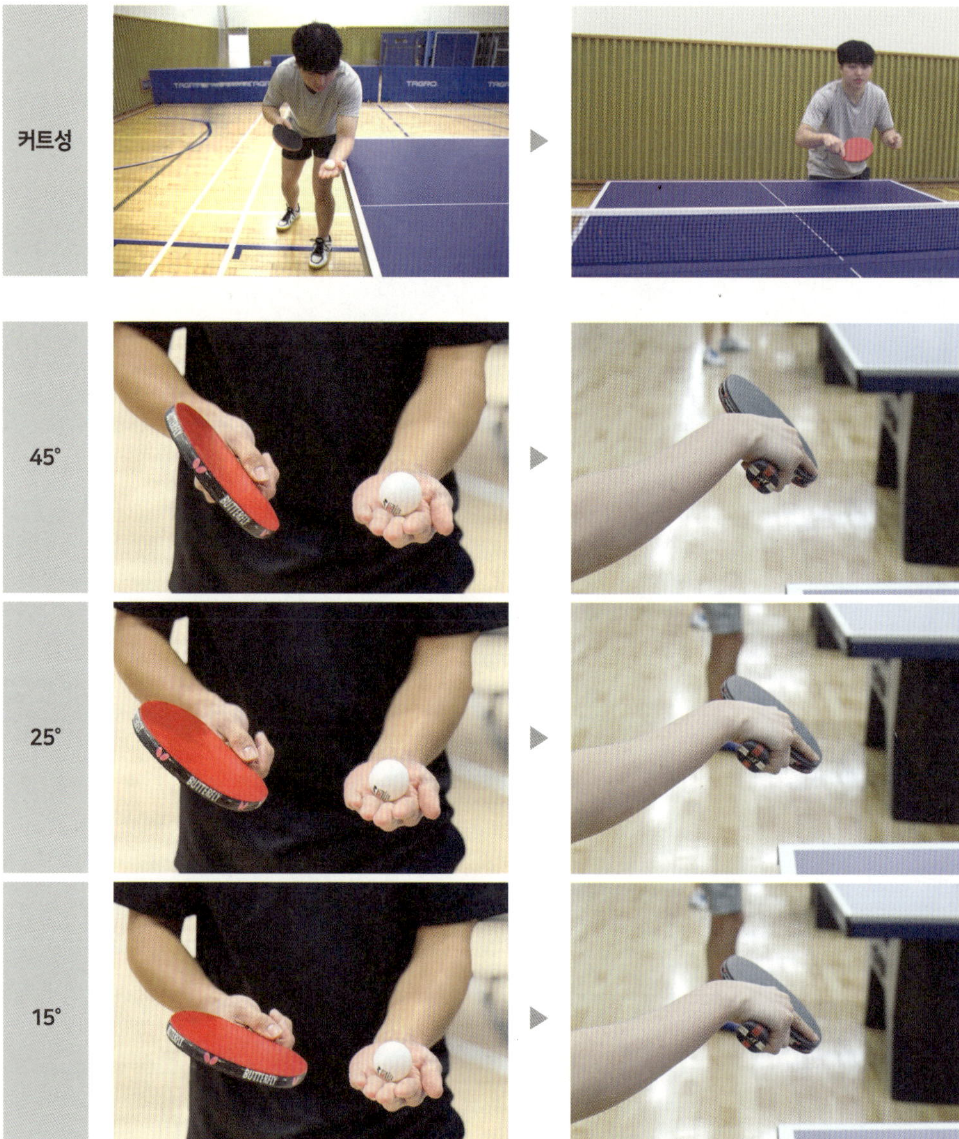

커트성 서브 각도에 따른 리시브 각도

예를들어 상대가 90° 각도로는 공을 맞췄다면 그것은 커트서브에 해당하지 않는다. 적어도 라켓이 뉘어진 각도로 공이 맞았을 때 커트성 서브인 것을 알아차려야만 한다. 그 각도나 임펙트 순간의 문지르는 힘에 따라 변화가 달라지기 때문에 각도를 정확히 알아차릴 필요가 있다. 또 얼마만큼 문질러 졌느냐가 관건인데 그 회전의 양은 무게감을 통해 알 수 있다. 커트성 서브의 변화는 깎이면 깎일수록 그 공의 속도는 늦고 공의 높이는 매우 낮게 깔려가게 된다. 한마디로 멀리서 봐도 묵직한 무게감이 있으며 낮은 높이로 네트를 넘어 테이블에 맞고 약간의 정점을 보이다 테이블 아래로 뚝 떨어지게 될 것이다.

아마추어들은 리시브 때 상대의 변화를 아무리 보려고 해도 잘 보이지 않는다고 이야기를 한다. 그럴때에는 많이 받아보는 방법밖에는 없는데 독자들은 그런 답을 원하지는 않을 것 같다. 그래서 한 가지 팁을 준다면 커트 서브가 좋은 상대에게 회전량을 5가지 강도(%)로 구분지어 커트성 서브를 넣어 달라하고 그 서브 변화를 지켜보는 것이다.

아래의 표는 다음과 같은 강도(%)로 커트성 변화를 주었을 때 회전량과 속도, 높이를 나타낸 표이다.

강도(%)	20%	40%	60%	80%	100%
		낮음			높음
회전량	→				
속도	←				
높이	←				

※ 강도(%): 여기에 표기된 강도는 공을 세게 쳐 보내는 의미가 아닌 서버가 생각하는 회전량을 의미한다.

위 표는 커트성 서브의 회전량이 커질수록 속도와 그 높이는 낮아지고, 회전량이 적어질수록 속도와 높이가 높아진다고 해석하면 될 것 같다.

그때 주의 깊게 봐야 할 것은 공의 속도와 높이이다. 회전량이 커질수록 슬라이스 된 공은 아주 낮은 높이로 네트를 넘어가 낮은 정점을 보일 것이며 그 속도는 줄어들 것이다. 멀리서 바라봤을 때 느낌은 묵직하고 무게감 있게 느껴질 것이다. 반대로 회전량이 적을수록 네트로 넘어갈 때의 높이는 다소 높고 높은 정점을 보이며 그 속도는 빨라질 것이다. 이 서브 변화의 느낌은 매우 가볍게 느껴질 것이다.

우선 20%→40%→60%→80%→100%의 회전량 순서대로 넣어봐 달라고 하고 이 다섯 가지의 변화를 눈으로 비교해 보는 방법이다. 이 방법을 몇차례 하다보면 어느정도 강도로 회전을 주었는지 어느 정도 예측이 될 것이다. 상대의 강도와 나의 예측이 맞는지 대화를 통해서 비교해 봐도 좋을 것 같다. 또 리시브를 잘하기 위한 방법중 한가지는 받고자 하는 상대의 서브를 유심히 지켜보는 습관을 갖는 것이다. 이것은 나와의 경기때보다 다른 사람과의 경기를 지켜보며 저 서브는 무엇인지 어느 정도 강도(%)로 커트 변화가 들어갔는지 파악하려는 자세가 필요하다 하겠다.

또 상대의 강도(%)를 파악하는 눈이 생겼다면 그것에 맞춰 보낼 줄 알아야 하는데 그 또한 원칙이 있다. 예를 들어 상대가 80% 이상의 강도로 공을 깎아 보냈는데 리시브도 그와 비슷한 강도로 깎아 보낸다면 반발력에 의해 네트로 걸릴 것이다. 상대가 강도(%)를 높여 깎았을때에는 리시버는 반발을 고려하여 그보다는 조금 낮은 강도(%)의 커트로 보내야 안전하게 보낼 수 있다. 그와 반대로 상대의 커트 서브 강도가(%) 20% 수준이었다면 리시버가 그 이상으로 깎아 보내도 반발을 타지 않기 때문에 미스의 확률은 줄어들 것이다.

커트 서브 리시브로 받을 수 있는 기술은 그와 비슷한 각도인 포핸드 커트, 백핸드 커트, 드라이브, 스트로크이다.

3) 회전성 리시브

서브 리시브 중 어떤 변화가 가장 받기가 어렵냐고 질문을 한다면 단연 1위는 회전성 서브의 리시브일 것이다. 이 회전 서브의 리시브가 안되면 서버는 아주 신이 나서 경기를 운영할 것이고 리시버는 어쩔줄 몰라하며 경기 하게되니 경기의 승패는 이미 정해져 있다고 봐도 무리가 아닐 것이다. 서버 입장에서는 회전서브를 받지 못하는 상대에게 회전서브를 주로 넣다가 받을만 해지면 커트성 서브를 넣어 네트에 걸리게 만들고 또 다시 강력한 회전을 넣어 밖으로 튀어나가게 만들어 서브 변화를 전혀 가늠하지 못하도록 만들 것이다. 이것이 게임수 즉, 게임운영 능력이라 할 수 있다.

탁구 회전서브의 방향은 좌, 우, 전진회전으로 나뉜다. 그 중 좌 · 우 회전의 방향은 한자 '人(사람 인)'과 유사한 방향으로 흐른다. 아래 그림은 이해를 돕기 위해 회전의 방향을 나타낸 그림이다.

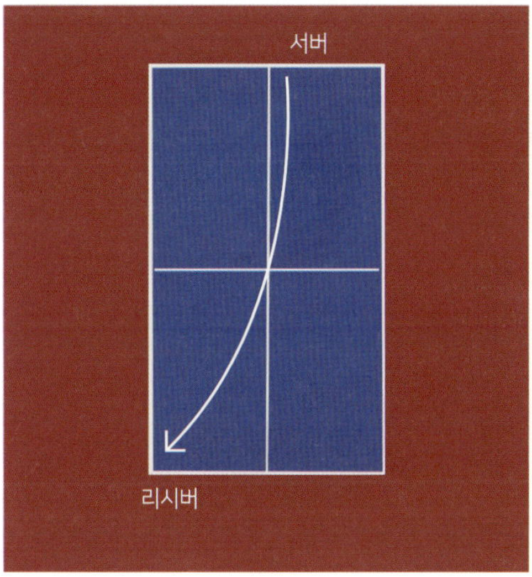

좌회전

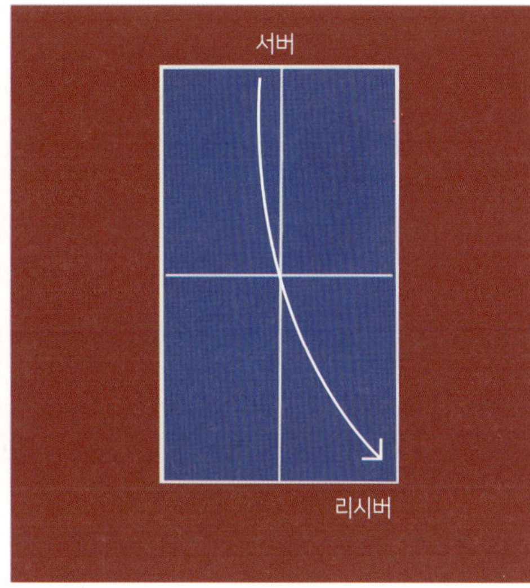

우회전

좌회전은 '人'의 첫 번째 획순 방향으로 흐른다. 그리고 우회전은 '人'의 두 번째 획순처럼 흐른다. 우리가 흔히 속는 회전 서브는 이 두 가지 방향에 속는 것이다. 그렇게 이야기하면 아마추어들은 믿기 어렵다는 표정을 짓는다. 회전의 방향은 두 가지이지만 서브의 방법과 모션에 속는 것이다. 이제는 회전의 방향을 단순히 두 가지로 머릿속에 저장하고 받을 준비를 한다면 이미 절반은 받은것과 마찬가지일 것이다.

서두에 리시브는 거울에 비친것처럼 받으라고 표현하였다. 리시버 관점으로 봤을 때 흐르는 방향과 같이 라켓을 같이 위치해두면서 받으면 된다.

좌회전

우회전

상대가 어떤 서브를 넣든지 간에 방향은 딱 두 가지 방향으로 흐르는데 포핸드 회전 서브일 때 테이블에 맞은 위치에서 좌회전으로 흐른다. 반대로 백핸드 서브일 때 테이블에 맞은 위치에서 우회전으로 흐른다.

전진회전은 공이 위아래로 회전하여 마치 드라이브 회전과 비슷하게 들어오는 서브를 전진회전이라고 한다. 이 회전은 좌·우회전처럼 꺾이는 방향은 없지만 위로 튀어오르는 듯한 느낌이 있어 자칫잘못 받으면 밖으로 튀어나가기 쉽다. 이 전진회전 서브를 리시브하는 방법은 드라이브를 받는 방법과 같다. 드라이브볼 블로킹 하는 방법으로 이해하면 되겠다.

최근 선수들이 많이 넣는 서브 방법 중 훅서브라는 것이 있다. 최근 경기 영상을 보면 신유빈 선수도 훅서브를 자주 넣는데 훅서브는 포핸드 서브이다. 포핸드 서브는 회전을 넣었을 때 원칙상 좌회전이 들어와야 맞으나 임펙트시 공을 맞추는 위치가 달라 훅서브와 YG서브는 포핸드 서브이지만 우회전으로 들어오게 된다.

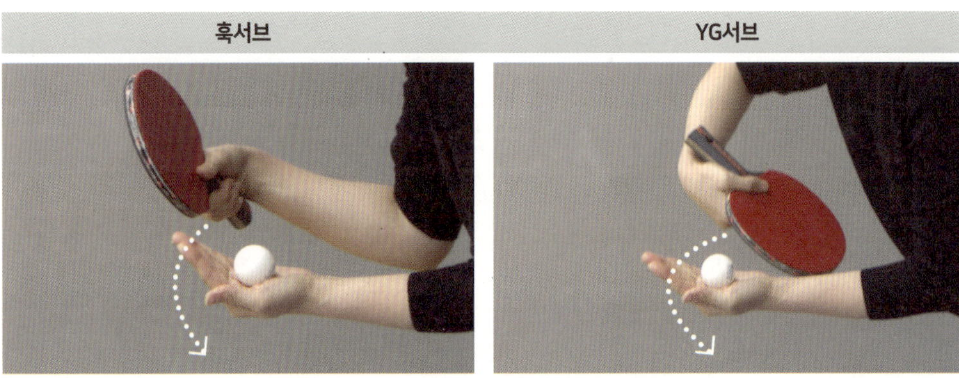

훅서브와 YG서브의 임팩트시 각도 및 회전방향

꼭 알아야할 탁구상식

<공식처럼 외우자>

오른손 포핸드회전서브→좌회전	왼손 포핸드회전서브→우회전
오른손 백핸드회전서브→우회전	왼손 백핸드회전서브→좌회전
오른손 yg서브→우회전	오른손 yg서브→좌회전
오른손 훅서브→우회전	오른손 훅서브→좌회전

포핸드 서브 자세를 하고 있지만 6시 방향이 아닌 12시 방향을 맞추게 되어 마치 백핸드 서브를 넣은것과 같은 방향으로 회전이 되는 것이다. 그것 또한 두려워할 일은 아니니 너무 염려하지 말아야 한다. 임펙트 직전과 순간을 잘 보면 일반적인 회전서브인지 훅서브 또는 YG서브인지 구분이 되니 걱정할 필요 없다. 대신에 순간적인 판단력이 요구되니 당황하지 말고 빠른 판단이 될 수 있도록 상대의 서브를 사전에 파악해두는 것이 중요하다 하겠다.

훅과 YG 이 두 서브 방법은 좌회전은 불가하고 우회전만 가능하니 참고하기 바란다.

다음은 포핸드 회전 서브의 위치별 리시브 라켓 각도이다.

포핸드 회전 리시브

다음은 백핸드 회전 서브의 위치별 리시브 라켓 각도이다. (훅과 YG 서브도 여기에 해당함)

백핸드 회전 리시브

4) 혼합성 변화 리시브

서브라는 것이 딱 한 가지 단일변화로만 들어오면 얼마나 좋겠는가. 서브는 단일변화와 혼합성 변화로 구분 지을 수 있다. 단일변화는 한가지 변화가 100%일 때를 단일변화라고 정의한다.

단일변화도 받기 힘든데 혼합성 변화는 어떻겠는가?

좋은 서브를 가진 상대들은 단일/혼합 두 가지 변화를 넘나들며 상대를 들었다 놨다 한다.

필자가 말하는 혼합성 변화는 예를들어 커트성과 회전성이 섞인 애매한 서브를 혼합성 변화라 정의했다. 그 변화와 비율은 서버의 느낌과 생각대로 정해지는 것이라 서술하기에는 애매하지만 커트성 30%, 회전성 70% 비율의 서브는 멀리서 봤을 때는 회전 서브에 가깝지만 이것을 100% 회전성 서브라 판단하고 받으면 네트에 걸릴 확률이 있다. 서버들은 그 심리를 이용하여 득점하려는 것이다. 이 혼합성 서브는 선수들도 받기가 매우 어렵다 할 수 있다. 어쩌면 선수들도 감각적으로 그동안의 경험으로 받는다고 봐야 할 것이다. 이 비율을 파악하는 방법은 첫째 임팩트 순간 각도의 판단이다. 둘째는 공의 무게감과 리시버의 느낌을 총 동원해야 이 혼합성 변화 서브를 받을 수 있다. 초보자에게 이 혼합성 변화 리시브까지 설명하면 머릿속은 이미 뒤죽박죽 매우 혼란스러울 것이다. 그럴 때 단일 서브와 혼합형 서브를 각각 나누어 넣어주고 리시버의 반발을 보여주면 조금 이해하는데 도움이 될 것이다. 이 과정은 이해만으로는 잘 받기 어려우며 수많은 사람들과의 경기와 리시브 연습을 통해 그 감을 찾아야만 한다. 그래서 필자는 학생들이든 아마추어든 한사람과의 연습은 권하지 않는다. 그러면 그 사람 공만 받을 수 있기 때문에 많은 상대와 공을 쳐보고 리시브 해보기를 권한다. 그래야만 리시브를 잘 할 수 있고 혼합형 변화를 잘 받을 수 있는 능력도 생길 것으로 본다.

3. 스매시(Smash)

스매시는 탁구 기술 중 아주 강력한 무기라 할 수 있다. 그 강력한 무기인 스매시를 시도하는 기준 또한 사람마다 다르다. 일반적으로 랠리 할때의 공 높이는 성인 손으로 한 뼘정도 튀어오른다. 어떤 사람은 평소 랠리 때보다 조금만 떠도 그 기준을 찬스라 판단하기도 하고 어떤 사람은 테이블에서 자신의 눈높이 정도 공이 떠올라야 스매시를 할 수 있는 기회라고 이야기한다. 그 기준은 사람마다 다르다는 것을 인정하고 본인만의 기준을 찾는 것이 경기시 실수를 줄이고 득점으로 연결할 수 있는 방법이기도 하다. 스매시는 아주 강력한 무기이면서도 경기중 실수할 경우 심리적으로 위축되고 큰 압박감을 받기도 한다. 특히 중요한 스코어 일 때 실수를 하지 않도록 평상시 연습때 스매시 정확도를 수시로 체크 하는 것이 좋다.

중국식 펜홀더를 사용하는 중국의 쉬신 선수가 스매시를 하는 장면이다. 공 높이에 맞춰 라켓을 들어 스매시하고 있는 모습이다.

스매시를 할 때 매섭다 싶을 정도로 본능적으로 공을 날카롭게 치는 사람이 있다. 그것은 방법도 방법이지만 기질적 요인이기도 하다. 또 다른 요인으로는 코어(core)의 힘이 있어야 강력한 스매시를 구사할 수 있다고 생각한다. 스매시의 경우 팔로만 힘을 내는 것이 아니라 상 · 하체가 동시에 쓰여지면서 한번에 폭발적인 힘을 내야하는데 평소보다 체중이 감량된 경우 제 힘을 발휘하지 못한다. 체중감소로 인해 근육양이 소실되면 그 폭발적인 힘을 내는 부분에서 차이가 날 수 있기 때문이다. 그래서 선수들은 시즌 중에 지나친 체중감량은 기량에 전혀 도움이 되지 않는다. 아마추어들은 스매시의 폭발적인 힘을 내기 위해서는 상 · 하체를 비롯한 코어의 힘을 기를 필요가 있다. 그것은 스매시나 드라이브 등 순간적인 힘을 요구하는 모든 기술에 해당된다.

스매시의 방법은 평소 포핸드 롱 스윙의 두 배 가까이 커져야 한다. 예를들어 포핸드 롱 스윙이 시계방향으로 3시부터 12시 방향의 스윙 크기였다면 스매시는 그 이상 4시에서 11시 방향까지 커져야 한다. 펀치를 한다고 가정했을 때 백스윙을 비롯한 모든 동작이 컸을 때 파워가 큰 것은 당연한 결과이기 때문에 스매시도 그와 마찬가지로 해석하면 된다.

또 스윙의 속도가 빨라야 한다. 스윙이 커졌어도 그 속도가 빠르지 못하다면 공이 강해지지 않는다. 스윙은 큰데 스매시의 파워가 강하지 않는 사람들을 보면 공을 팔로만 치거나 깎아치기 때문이다. 스윙이 빨리 지나가면 가속도가 붙어 임팩트 순간 공의 파워는 자연스럽게 생긴다고 이해하면 된다.

 백스윙	스매시의 백스윙은 4시 방향이다. 공의 높이에 따라 라켓의 높이도 따라가게 된다. 이때 중심은 오른발 쪽으로 체중이 80~90%가량 이동해야 한다. 왼발은 백스윙했을 때 엄지발가락이 지면에 붙어있는 정도로 온전히 오른발에 체중이 있어야 한다.
 임팩트	임팩트는 2시 방향 정도이며 이때 오른발에 실려있던 체중은 회전하며 앞을 바라보며 힘껏 타구 한다. 그 스윙은 속도는 매우 빠르게 지나가야 하며 이때 왼발 또한 앞으로 전진하며 들어가야 한다.
 팔로우스루	백스윙 때 오른쪽에 있던 체중은 마지막 동작에서는 80~90%가 왼발에 실려야 한다. 팔로우스루의 라켓 방향은 11시 방향까지 길게 뻗어 보내야 한다. 마치 등 뒤에서 나를 앞으로 미는 느낌으로 체중이 온전히 앞쪽에 실려야 한다.

마지막으로 체중을 실어 공을 쳐야한다. 스매시의 기본은 공과의 거리가 너무 가까우면 공간적으로 여유가 없어 서두르게 되어 실수하기 쉽다. 그래서 스매시는 완전히 익숙해질 때까지 마음속으로 박자를 세며 해보는 것이 중요하다, 공과 거리상 여유를 준 뒤 왼발이 앞으로 전진하며 "쿵" 소리를 내며 발을 굴러줘야 한다. 이때 본인의 체중이 왼발 앞쪽에 실리는 느낌이 들어야 한다. 마치 등 뒤에서 누가 나를 미는 것처럼 무게 중심이 왼발 앞쪽에 쏠리도록 힘을 실어주는 것이다. 이것이 완성되면 처음 팔로만 공을 치던

단계보다 훨씬 강한 스매시를 구사하게 될 것이다. 초보자들은 왼발이 들어가는 타이밍과 공을 치는 임팩트 순간이 동시에 이루어지게 하는 것을 매우 어려워 한다. 발과 스윙의 박자를 맞추기 어렵다면 공을 치기 전 가상으로 스윙과 발동작을 연습 해보는 것이 필요하다.

경기중 스매시를 할 수 있는 기회가 주어졌다면 그 기회를 놓치지 않고 득점으로 연결하는 것이 매우 중요하다. 스매시로 득점하려면 공이 날카로워야 하며, 선수들도 받기 힘든 상대방의 미들로 하는 것이 아주 강력하게 느껴질 것이다. 탁구대의 가운데가 아닌 상대방의 몸통 가운데로 공략하는 순간적인 판단력도 아주 중요하다 할 수 있다.

처음에는 여유가 없어 공을 치는 도중에 상대방의 빈 곳과 허점을 찾기가 어려울 것이다. 그것 또한 반복훈련과 시행착오를 겪으며 판단력이 생기게 될 것이다.

스매시할 때 공의 높이에 맞춰 라켓 높이를 조절해야 하는데 가슴 높이의 공이 가장 치기 쉬우며 공이 높아지면 높아질수록 굉장히 치기 어려울 수 있다.

공 높이에 따른 스매시 라켓 높이는 다음과 같다.

가슴 높이 스매시

어깨 높이 스매시

키 높이 이상 스매시

4. 드라이브(Drive)

탁구 기술 중 가장 강하게 치는 기술을 꼽자면 스매시라 할 수 있다. 또 가장 강력한 회전을 주는 기술을 꼽자면 단연 드라이브라 말할 수 있다. 물론 서브나 커트도 회전이 크지만 드라이브 만큼 강력한 회전을 낼 수는 없기 때문이다. 서브와 커트 두 기술의 회전이 주는 방법이 손목 사용이었다면 드라이브는 온몸이 원천이 된다. 탁구 기술 중 가장 큰 스윙으로 회전을 주기 때문에 회전의 양은 그 어떤 기술과 비교 불가하다. 360° 회전은 아니어도 그 스윙의 궤도는 상당히 크기 때문이다. 선수들이 경기중 찍힌 영상이나 사진을 볼 때면 그 스윙 크기에 깜짝 놀라곤 한다. 드라이브의 백스윙이 바닥 가까이 내려가기도 하고 피니시 동작 또한 얼굴의 중앙부를 지나 10시 방향 그 이상으로 커지기 때문이다. 골프는 스윙의 아크[5]가 클수록 비거리가 많이 난다고 한다. 탁구에서도 드라이브 스윙의 아크는 매우 중요하다 할 수 있다. 그럼 드라이브 스윙이 클수록 회전량이 많아지냐고 물을 수 있다. 적은 스윙보다는 큰 스윙의 드라이브가 더 많은 회전을 줄 수 있을 것이다. 하지만 스윙만 크다고 해서 회전량이 큰 것도 아니다. 막상 공을 받아보면 보여지는 것보다 받을만 하다고 느껴지는 드라이브들이 꽤 있기 때문이다. 탁구에서 드라이브는 스윙의 크기만으로 회전량이 좌우 된다고 단정짓기 어렵고 복합적인 것들을 요구된다. 예를들면 임펙트 순간 문지르는 듯한 스냅 사용과 타구감 그리고 스윙의 크기와 스피드, 폭발적인 힘을 내는 코어, 안정적으로 받쳐주는 하체 등 매우 복합적인 것이 한번에 이루어 져야하기 때문이다. 또 남녀의 신체구조가 다르듯 그 스윙의 크기와 파워 면에서 차이가 있을 수 있다. 그 이유는 남성이 여성보다 신장이나 근육면에서 보다 나은 신체구조를 가졌기 때문이다. 반면 여성은 남성보다 유연성과 섬세함을 가지고 있어 섬세함을 요구하는 기술에 유리하다 할 수 있다. 이처럼 선수나 아마추어를 가르치는 지도자들은 두 성별의 다름을 인정하고 감안하여 지도하는 것이 바람직하겠다.

1) 포핸드 드라이브

포핸드 드라이브의 세부적인 유형은 다섯 가지로 구분할 수 있다.

① 일반적인 드라이브(usual drive)

② 루프 드라이브[6](loop drive)

③ 카운터 드라이브[7](counter drive)

④ 커브 드라이브[8](curvw drive)

---

5 아크(arc): 스윙의 호. 궤도

6 루프 드라이브(Loop drive): 만곡선을 그린 드라이브. 즉 전진력은 별로 없으나 회전이 많이걸린 드라이브

7 카운터 드라이브(counter drive): 상대의 드라이브를 드라이브로 빠르게 응수하여 보내는 드라이브

8 커브 드라이브(curvw drive): 드라이브 건 공이 바깥쪽으로 꺾여 회전이 들어가는 드라이브. 우회전 커브가 강력한 것

⑤ 슈트 드라이브[9](stoot drive)

아래 나열한 다섯 가지 드라이브를 순차적으로 익히는 것을 권장한다. 예를들어 기본적으로 드라이브 회전을 주지 못하면 커브 드라이브 또는 슈트 드라이브를 구사할 수 없기 때문이다. 충분한 시간을 두고 기본이 되는 일반적 드라이브부터 고급 기술인 슈트 드라이브까지 단계별로 만들어 가는 것이 중요하다.

일반적 드라이브 ▶ 루프 드라이브 ▶ 카운터 드라이브 ▶ 커브 드라이브 ▶ 슈트 드라이브

드라이브의 단계별 과정

	무회전볼	커트볼
일반적 드라이브	가능	가능
루프 드라이브	효율성 떨어짐	가능
카운터 드라이브	가능	불가능
커브 드라이브	가능	가능
슈트 드라이브	가능	가능

볼에 따른 드라이브 가능 여부

(1) 일반적인 드라이브(usual drive)

일반적인 드라이브는 가장 기본이 되고 회전 주는 방법을 알게 되는 첫 단계이다. 라켓의 각도는 포핸드 포어의 각도가 90°였다면 드라이브의 각도는 그것보다 더 앞으로 숙여진 45°이다. 드라이브를 했는데 회전이 잘 먹히지 않는다면 라켓의 각도가 90°에 가깝게 세워져 있을 확률이 높다. 그럴 때 라켓의 각도를 앞으로 조금 더 숙여 공을 문지르는 방법을 찾는 것이 중요하다. 학생들을 가르치다 보면 문지르는 느낌은 어떻게 주는 것이냐고 질문을 한다. 시범을 보이고 느낌을 설명해도 체감하지 못하는 경우가 많다. 일상생활에서 그와 비슷한 경험들을 설명하고 표현할 수밖에 없어 아쉬움이 크다. 우리가 지우개로 무엇인가를 지울 때 힘으로 내리쳐 지우지 않고 용지를 문질러 지우게 된다. 우리

9 슈트 드라이브(stoot drive): 커브 드라이브와 반대되는 방향 즉 좌회전으로 꺾여 들어가는 드라이브

가 사용하는 탁구 러버도 고무이기 때문에 강하게 치거나 가져다 댄다고 해서 회전이 생기지 않는다. 탁구의 드라이브가 그렇다. 공과 러버의 마찰을 이용해야만 회전이 생기기 때문이다. 그 원리를 알고 도전하는 것이 무엇보다 중요하다 하겠다.

 백스윙	드라이브의 백스윙은 5시 방향으로 오른쪽 종아리 높이까지 백스윙이 내려가야 한다. 라켓의 각도는 앞으로 숙여진 45° 각도이다. 이때 오른쪽 허벅지로 체중의 80%가 이동되어야 한다. 공을 힘껏 끌어 올리기 위한 도약의 자세로 생각하면 좋겠다.
 임팩트	임팩트 위치는 4시 방향이며 이때 공을 때리는 느낌이 아닌 문지르며 끌어 올려야 한다.
 팔로우스루	오른쪽 허벅지에 있던 체중은 왼쪽 허벅지로 80% 이동되어야 한다. 이때 라켓의 방향은 11시 방향을 바라봐야 한다. 이 마지막 팔로우스루의 기능은 공의 정확성에 기여한다.

두 다리는 공을 치고자 하는 정면을 바라보고 어깨너비 이상으로 벌려 서준다. 이때 다리의 보폭이 좁으면 드라이브의 큰 스윙을 하체가 받쳐주지 못해 불안정해질 수 있다. 백스윙은 평소의 타점보다 아래쪽인 본인의 허벅지 높이에서 5시 방향으로 백스윙을 빼준다. 라켓은 반원을 그리며 11시 방향으로 길게 뻗어준다. 이때 중심이동은 라켓이 움직이는 방향으로 무릎과 상체가 스윙을 따라 자연스럽게 이동해 준다. 이때 중심이동을 지

나치게 하거나 너무 하지 않아도 문제가 된다. 라켓이 나가는 방향으로 상 · 하체가 자연스럽게 따라가 주는 정도가 좋다. 임팩트 위치는 4시 방향 전후에서 공이 맞아야 한다. 이때 중요한 것은 라켓의 각도이다. 드라이브를 하기에 적합한 45° 각도로 공이 맞아야 한다. 좋은 드라이브는 임팩트 순간이 짧지 않고 러버와 공의 마찰 시간이 길게 느껴져야 한다. 이때 신체 부위별 쓰임새가 다르다 할 수 있다. 팔은 스윙을 만들어주며 손목은 임팩트 순간 공을 문지르는 역할을 한다. 하체는 임펙트 순간 체중을 실어주며 힘이 분산되는 것을 막아주는 역할을 한다. 팔 힘으로만은 부족한 부분을 코어가 상 · 하체를 쥐어짜듯 폭발적인 힘을 낼 수 있게 도와줘야 한다. 이처럼 드라이브는 어느 특정 부위만 사용되어서는 회전을 내기 어렵다.

가슴 높이 스매시 | 어깨 높이 스매시 | 키 높이 이상 스매시

측면에서 바라본 포핸드 일반적인 드라이브 동작

(2) 루프 드라이브(Loop drive)

루프성 드라이브는 일반적 드라이브보다 회전양은 크고 포물선을 그리며 공이 들어간다는 특징이 있다. 다섯 가지 드라이브 중 루프성 드라이브가 회전의 양으로는 첫 번째라 말할 수 있다. 이 드라이브는 주로 커트볼을 걸어 올릴 때 사용된다. 루프성 드라이브는 회전 양은 크지만 타점이 높기 때문에 상대방에 따라 호불호가 있을 수 있다. 예를 들어 루프성 드라이브를 힘껏 걸어 보냈을 때 상대가 강한 블로킹으로 받아 쳐버린다면 루프성 드라이브에 강한 상대일 것이다. 반면 내가 루프성 드라이브를 힘껏 보냈을 때 상대방의 블로킹이 튀어 나가 버렸다면 루프성 드라이브에 약한 상대일 것이다. 이것은 연습 또

는 경기 도중 두 세 번만 해봐도 바로 알아차릴 수 있을 것이다. 탁구라는 종목은 상대방의 장점과 단점을 빠른 시간내에 파악하는 것이 경기 승패에 직접적인 영향을 준다.

루브성 드라이브는 주로 커트볼을 올릴 때 사용된다. 또 수비수와 경기시 상대방의 박자를 흔들고자 할 때 루프성 드라이브를 걸기도 하지만 선수들은 그다지 위협적이지 않아 연속적으로 사용되는 빈도는 적다 할 수 있다.

루프 드라이브의 방법은 다음과 같다.

 백스윙	루프성 드라이브의 백스윙은 6시 방향이다. 라켓의 각도는 전체 드라이브 각도 중 가장 많이 숙여진 상태라 할 수 있다.
 임팩트	임팩트의 위치는 4시 방향이며 경사의 높이가 가파르게 위로 올라가는 구조이다. 임팩트 순간은 짧게하되 그 회전양은 커질 수 있도록 해야 한다. 임팩트 순간이 길게 느껴지도록 해야한다.
 팔로우스루	마지막 라켓의 위치는 1시 방향이다. 다른 드라이브 스윙에 비해 이마 위쪽으로 많이 올라가는 스윙 궤도이다.

일반적 드라이브의 스윙 크기가 5시 방향부터 11시까지라면 루프 드라이브는 그것보다 작은 스윙으로 이루어진다. 6시 방향에서 1시 방향으로 경사의 높이가 가파르게 올라

가며 임펙트 순간은 짧게하되 그 회전양은 커질 수 있도록 해야 한다. 일반적인 드라이브가 뒤→앞으로 쭉 길게 뻗어나가는 방식의 회전이라면 루프성 드라이브는 아래→위 스윙으로 회전의 양은 크고 위쪽으로 강하게 끌어올리는 느낌이라 할 수 있다.

루프성 드라이브는 다음과 같은 연습을 많이 하면 도움이 될 수 있다.

- 많이 깎인 아주 낮은 볼을 네트에 걸리지 않게 거는 연습
- 공의 회전을 가장 많이 줘보는 연습
- 공을 띄우며 드라이브를 걸어보는 연습

(3) 카운터 드라이브(counter drive)

카운터 드라이브는 상대방이 드라이브로 공격해 왔을 때 빠른 템포로 맞대응하여 보내는 드라이브를 카운터 드라이브라고 한다. 일반적인 박자가 아닌 거의 탁구대에 닿자마자 바로 걸어버리는 드라이브를 말한다. 전체 드라이브 중 회전의 양은 가장 적을 수 있지만 템포 만큼은 가장 빠른 드라이브라 말할 수 있다. 또 카운터 드라이브는 오롯이 내 힘으로 하기 보다는 상대방의 회전을 역으로 이용하는 드라이브라 말할 수 있다. 반발[10]을 이해하는 상급자 수준에서 이 카운터 드라이브는 가능하다 할 수 있다.

카운터 드라이브의 방법은 다음과 같다.

스윙의 크기는 전체 드라이브 중 가장 작다. 시계방향으로 2시에서 12시 방향 정도로 아주 작고 간결하게 이루어져야 한다. 블로킹 기술과 비슷해 보일 수 있으나 블로킹은 회전이 없고 카운터 드라이브는 회전이 있다고 생각하면 된다.

박자는 거의 탁구대에 닿자마자 이루어져야 한다.

또 상대방의 드라이브 회전량이 적은지 많은지에 따라 반발을 고려해 강・약 조절을 함에 있어 주의해야 한다.

10 반발: 탄력이 있는 물체가 퉁겨져 일어남

 백스윙	백스윙은 시계방향으로 2시로 빼야 하며 그 타점은 포핸드 롱 타점과 같은 탁구대 위에서 준비해야 한다.
 임팩트	임팩트 순간에 라켓 각도는 많이 숙여져야 하며 상대방 드라이브 반발을 고려하여 아주 민감한 컨트롤이 요구된다.
 팔로우스루	카운터 드라이브의 라켓 방향은 12시 방향이다. 상대의 회전량에 따라 더 작아질 수도 커질 수도 있다. 전체 드라이브 스윙 중 가장 빠르고 간결하게 이루어 진다.

(4) 커브 드라이브(curve drive)

커브 드라이브는 일반적인 드라이브보다 회전 방향에 있어 바깥쪽으로 더 꺾여 들어가는 드라이브를 커브 드라이브라고 한다. 일반적 드라이브가 위 아래로 도는 회전이라면 커브 드라이브는 일반적인 드라이브 회전에 옆회전이 더 꺾여 들어간다고 생각하면 되겠다. 야구에서 커브볼은 투수가 던진 공이 타자 가까이에 와서 갑자기 꺾이는 것을 커브볼이라고 한다. 탁구에서도 커브 드라이브가 그렇다. 육안으로 확연히 구분될 정도로 꺾여 들어가는 드라이브를 커브 드라이브라고 한다. 탁구에서는 남성과 여성이 사용하는 기술이 구분되어 있지는 않지만 이 커브 드라이브는 여성보다는 남성이 주로 사용한다. 특히 맞 드라이브 랠리 도중 이 커브 드라이브가 사용된다. 범위가 넓은 선수들도 이 커브 드라이브가 깊숙이 들어가면 따라가지 못해 실점하게 된다. 그만큼 공이 많이 휘고 강력하다. 이 커브 드라이브는 구사하기도 어렵고 받기는 더더욱 어려운 드라이브라 할 수 있다.

일반적 드라이브는 공의 뒤 아랫부분을 맞추는 것이 정상이지만 이 커브 드라이브는 손목을 감아 뒤 옆쪽을 감아서 맞추는 것이 중요하다.

커브 드라이브의 임팩드 각도

커브 드라이브 후 공의 회전 방향을 눈으로 보면서 점점 더 꺾여 들어갈 수 있도록 시도해 봐야한다.

커브 드라이브의 방법은 다음과 같다.

 백스윙	백스윙은 일반적 드라이브와 비슷한 5시 방향으로 빼준다.
 임팩트	임팩트 시에 손목을 안쪽으로 감아 공의 뒤 옆 부분을 맞춰 회전을 준다.
 팔로우스루	사진에서 보이는 것처럼 손목을 최대한 감아서 공이 더 꺾여 들어갈 수 있도록 최대한 감아 보내야 한다.

(5) 슈트 드라이브(stoot drive)

슈트 드라이브는 회전의 방향이 커브 드라이브와 반대 방향으로 꺾이도록 거는 드라이브다. 슈트 드라이브를 자신있게 구사할 수 있는 선수들은 많지 않다. 물론 전 세계적으로 유명한 선수들은 다섯 가지 모든 드라이브를 구사하며 그 이상을 할 수도 있을 것이다. 특히 슈트 드라이브는 세이크 핸드 전형보다 펜홀더 전형이 구사하기가 각도 상 수월하여 유승민, 유남규, 김택수 선수들이 필살기 공격으로 사용하였을 정도로 강력하지만 꽤 어려운 기술이다. 그렇다고 세이크 핸드 전형은 하지 못한다는 것은 아니다. 단 펜홀더 전형보다 각도 상 시도하기가 어려울 뿐 충분히 가능하여 세계적인 선수들은 마지막 필살기로 사용하기도 하는 기술이다.

커브 드라이브가 손목을 감아서 걸었다면 슈트 드라이브는 바깥쪽으로 라켓을 젖혀 걸어야 한다.

슈트 드라이브의 임팩트 각도

이때 손목과 라켓의 방향이 완전히 바깥쪽을 향하게 하여 공의 뒤 안쪽을 맞추는 것이 중요하다. 이 슈트 드라이브를 더 위협적으로 걸기 위해서는 상대방을 속이는 동작이 필요하다. 몸은 정면을 주시하되 라켓만 뒤집어 제껴지(젖히)게 트릭을 잘 썼을 때 위협적인 슈트 드라이브가 완성된다.

슈트 드라이브의 방법은 다음과 같다.

 백스윙	슈트 드라이브의 백스윙은 6시 방향으로 엉덩이 뒤쪽으로 빼는 느낌이 들도록 백스윙 한다.
 임팩트	임팩트 직전의 라켓 각도는 손목과 팔꿈치의 일직선이 아닌 러버가 바깥쪽으로 제껴진 각도를 만드는 것이 중요하다. 임팩트 순간 왼발이 안으로 들어가면서 몸통은 타겟의 반대 방향으로 바라보는 것이 상대를 속일 수 있는 방법이된다. 예를들어 타겟은 백사이드라면 몸통은 미들을 바라보며 라켓 각도만 제껴진 각도를 유지하는 것이 포인트이다.
 팔로우스루	스윙의 마지막 지점은 1~2시 방향(백사이드 시)이며 이때 들어간 왼발의 방향은 10시 방향이다.

2) 백핸드 드라이브(Backhand Drive)

탁구 종목에서 대부분의 기술들이 백핸드 보다 포핸드 기술들이 강하다 할 수 있다. 예를들어 포핸드 드라이브와 백핸드 드라이브의 파워를 비교했을 때 대부분의 사람들이 포핸드 드라이브가 강하다 답할 것이다.

그 궁금증의 해답은 다음과 같다. 인체는 관절(joint)은 축[11](rotation axis)의 역할을 하고 있다. 또 그 축을 중심으로 회전하는 힘을 회전력 또는 토크[12](torque)라고 한다. 인체는 지렛대 원리를 기반으로 움직임을 만든다. 한 관절을 중심축으로 근육이 토크를 만들고 관절

11 축(rotation axis): 회전축이란 움직임의 중심이 되는 가상의 직선을 말한다.

12 토크(torque): 어떤 물체를 회전시키려는 힘의 크기

의 회전 움직임이 발생하게 된다. 포핸드 드라이브 시 팔을 펼쳤다가 접히는 스윙을 하게 되는데 그때 사용되는 굴곡근(구부림)의 토크가 백핸드 드라이브 시 접었다가 펼치는 신전근(펴는)의 토크에 비해 크기 때문에 포핸드 드라이브가 백핸드 드라이브보다 더 강하다 할 수 있다.

또 백핸드 드라이브의 세부적인 유형은 포핸드 드라이브 만큼 다양하게 구사하지 못하다.

포핸드 드라이브의 세부적 유형이 다섯 가지로 구분된 것과 달리 백핸드 드라이브는 기본적인 드라이브만 사용하는 경우가 많다. 최근 올림픽 경기를 보면서 중국 여자선수들의 백핸드 드라이브가 슈트성 드라이브에 가깝게 꺾이는 것을 보고 그 가능성을 확인하기도 하였지만 포핸드 드라이브 보다 제한적이라는 점을 알아두어야 한다.

물론 백핸드 드라이브도 때에 따라서 루프, 카운터, 슈트성도 가능하지만 포핸드 드라이브 만큼 확연히 구분 짓기는 어려운 부분이 있다. 탁구 기술이 더 발전하여 백핸드 드라이브도 명확하게 구분될 시점에 다시 기술하기로 다짐을 해 본다.

백핸드 드라이브의 기본동작은 다음과 같다. 다리 보폭은 어깨너비 이상으로 벌려준다. 이때 오른손잡이 기준으로 사선으로 오른발이 약간 안으로 들어가는 정도이며, 백핸드 코스 테이블 사이드 라인 끝으로 왼발이 나가며 몸통과 가슴이 정면을 바라보게 선다. 라켓의 위치는 왼쪽 허벅지 안쪽에 가깝게 백스윙을 한다. 이때 라켓의 각도는 앞으로 숙여진 45° 정도이며 시계방향으로 6~7시에서 1시 방향으로 걷어 올리는 느낌으로 뻗어준다. 대상마다 개인별 신장이 다르기 때문에 차이는 있을 수 있지만 마지막 피니시 동작은 눈높이 정도가 적당하다. 대부분 아마추어들이 흔히 하는 실수 중 하나가 왼쪽 허벅지 바깥쪽으로 라켓을 위치하여 백스윙하는 것이다. 이쪽으로 백스윙하게 되면 몸통 밖으로 벗어날수록 팔이 힘을 받지 못하고 흔들려 그 회전력과 정확성이 떨어질 수 있다. 아시아 선수들이 유럽 선수들보다 신장이 작은 것에 비해 탁구 기량이 우수한 이유는 본인의 신체구조에 맞는 스윙을 하기 때문이라 생각한다. 긴 팔다리를 가진 유럽선수들은 범위가 넓다는 장점이 있을 수 있지만 긴 신체구조에 맞는 스윙을 구사하다 보면 순발력이 떨어지질 수 있기 때문이다. 백핸드 드라이브의 회전력을 높이기 위해서 전완근을 강화하는 것이 회전력에 큰 도움을 줄 수 있다.

특히 백핸드 드라이브 시 사용되는 전완근의 힘이 좋을수록 스냅 사용이 용이하여 강력한 백핸드 드라이브를 구사할 수 있다. 그래서 선수들의 경우 손목과 전완근의 힘을 길러줄 수 있는 자이로볼을 이용해 강화 운동을 하기도 한다.

백핸드 드라이브의 방법은 다음과 같다.

백스윙

백핸드 드라이브의 라켓의 위치는 탁구대 아래인 왼쪽 허벅지 안쪽에 가깝게 백스윙을 한다. 이때 라켓의 각도는 앞으로 숙여진 45° 정도이며 7시 방향이다.

임팩트

임팩트 위치는 백스윙 위치에서 한 뼘 정도 위인 테이블 바로 아래 지점이다. 백핸드 드라이브는 포핸드 드라이브보다 임팩트 시 스냅 사용이 조금 더 이루어진다. 이때 하체는 흔들림 없이 받쳐주고 코어의 힘으로 튕겨 올리는 듯한 느낌으로 회전을 준다.

팔로우스루

라켓의 방향은 1시 방향이며 접혀있던 팔꿈치를 펼치는 느낌으로 길게 뻗어준다. 이때 라켓의 높이는 턱 높이이며 눈높이 이상으로 올려 라켓이 시야를 가려서는 안된다.

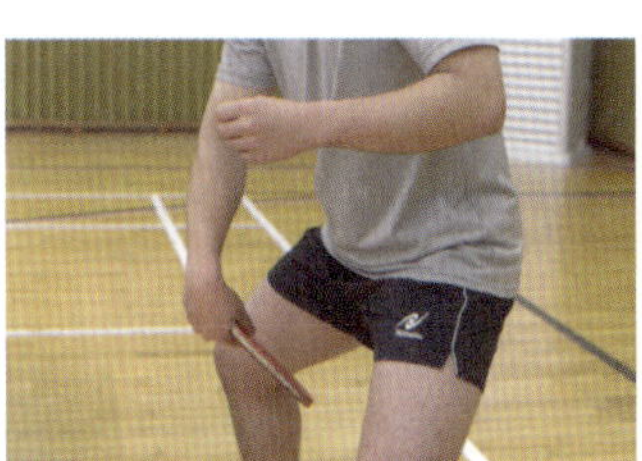

백스윙

임팩트

팔로우스루

측면에서 바라본 백핸드 일반적 드라이브 동작

잘못된 동작

1. 시작 위치가 몸통 밖으로 벗어나 있을 때
2. 끝나는 위치가 몸통 밖으로 벗어났을 때
3. 시작의 라켓 각도가 뒤집어 졌을 때
4. 손목이 너무 꺾여 있을 때

5. 블로킹(blocking)

탁구 기술은 공격(offense)과 수비(defence)로 나눌 수 있다. 예를들어 공격 기술로는 스매시, 드라이브, 플릭 등 본인이 주도적으로 할 수 있는 기술을 말한다. 서브도 1구 공격이라 했으니 서브가 좋은 사람에게는 서브 또한 공격 기술이라 표현할 수 있을 것이다. 수비 기술로는 블로킹, 로빙을 들 수 있으며 커트도 넘기기에 급급하다면 수비적 기술에 해당된다고 봐야할 것이다.

공격적인 기술들은 대체로 자세를 낮춰야 빛의 속도로 들어가 공격할 수 있으나 수비적인 기술들은 지나치게 자세를 낮추면 상대의 강한 볼이 얼굴쪽으로 오기 십상이다. 그러면 완벽한 방어를 하기 어렵다. 그래서 수비적인 기술들 중 블로킹이나 로빙은 자세를 오히려 세워서 받아주는 것이 유리하다 할 수 있다.

블로킹은 상대가 강력한 스매시나 드라이브로 공격해올 때 받는 방어적 기술을 블로킹이라 한다. 배구경기 에서도 블로킹이 있는데 상대의 스파이크를 네트 앞에서 점프하여 두 손으로 막아 상대 코트로 되돌려 보내는 기술을 본적이 있을 것이다. 배구의 블로킹과 탁구의 블로킹이 비슷한 부분이 있다. 내 힘을 쓰기보다는 상대방의 강력한 힘을 이용하여 보낸다는 부분이 일치한다. 이처럼 블로킹은 상대의 공격 강도와 회전량에 따라 힘을 조절해서 보내야 받을 수 있다. 리시브 때와 마찬가지로 공의 반발을 고려해서 보내야 하기 때문이다. 상대가 아주 강력한 스매시를 했는데 나는 더 쎄게 받아 쳐 버린다면 반발을 고려하지 않았기 때문에 그 공은 밖으로 나가버릴 것이다. 그럴때는 그 강도를 이용해 라켓을 가져다 대기만 해도 그 힘에 의해 공은 테이블 안으로 들어가게 된다. 이것이 블로킹 기술의 핵심이라 할 수 있다.

포핸드 롱의 스윙 크기가 3시 방향에서 12시 방향으로 스윙을 했다면 블로킹은 그보다 작은 2시 방향에서 1시 방향까지 한 뼘 정도의 스윙 크기로 강력한 공을 대는 느낌 정도의 스윙 크기이다. 포핸드롱 스윙의 절반 또는 1/3정도의 스윙 크기라 생각하면 좋을 것 같다.

임팩트

포핸드 블로킹의 라켓 위치는 2시 방향이다.
백핸드 블로킹의 라켓 위치는 6시 방향이다.
블로킹의 임팩트는 굉장히 중요하다. 모든 감각을 총동원하여 공의 강도를 느껴야 한다. 파워 또는 스핀에 의해서 공이 튀어 나가지 않도록 제어하는 느낌으로 받아야 한다.

팔로우스루

포핸드 블로킹의 라켓 위치는 1시 방향으로 보내야 한다.
백핸드 블로킹의 라켓 위치는 12시 방향으로 보내야 한다.
임팩트 순간부터 공이 들어갈 때까지 눈을 깜빡이거나 놀라는 일이 없어야 한다.

블로킹의 라켓 각도는 어떤 공을 받느냐에 따라 라켓의 각도가 달라지게 된다.

첫 번째는 상대가 스매시나 푸시로 회전 없이 강하게 친 공을 받는 블로킹이다.

두 번째는 상대가 드라이브로 회전을 줬을 때 받는 블로킹이다.

스매시 블로킹 각도

드라이브 블로킹 각도

이 두 가지 블로킹은 받는 요령만 약간 다를 뿐 상대방의 힘을 이용한다는 것은 같다고 할 수 있다. 두 블로킹의 다른점은 스매시 공격은 공이 매우 빠르고 강할 것이고, 드라이브 공은 회전의 양이 매우 크다는 차이점이 있다. 두 블로킹 중 어떤 것이 어렵냐고 묻는다면 회전성 블로킹이라 말할 수 있다.

상대의 강력한 스매시나 푸시를 받는 블로킹은 포핸드 롱을 칠 때처럼 각도를 90°로 맞춘 뒤 깜짝 놀라지 않고 살며시 갖다 대면 몇 번의 연습만으로도 그 감각을 찾을 수가 있을 것이다.

상대의 강력한 드라이브를 받는 블로킹은 이전의 블로킹과는 조금 다르다. 공의 회전이 강력하기 때문에 그져 가져다 대기만 해서는 공이 회전에 의해 튕겨져 나갈 수 있다. 이 블로킹은 이전의 블로킹보다 라켓의 각도가 조금 더 숙여져야 한다. 회전의 양에 따라 각도는 달라지겠지만 90°보다 더 숙여진 60~80° 정도로 숙여져야 한다. 회전의 양이 크면 클수록 앞으로 더 숙여주고 마치 속도를 제어한다는 느낌으로 눌러줘야 들어갈 수 있다. 만약 이 블로킹을 했는데 공이 튕겨져 나갔다면 힘조절을 못했거나 라켓 각도를 조절하지 못했을 수 있다.

탁구는 그 어떤 종목보다 볼을 섬세하게 다뤄야 하는 종목이라 생각한다. 그렇기 때문에 공의 무게감이나 타구시 소리나 감각 등에 아주 민감하게 반응해야 잘 할 수 있는 종목임에 틀림없을 것이다.

6. 플릭(Flick)

플릭은 '플립', '바나나 플릭', '치키타'라고도 불린다. 이런 용어들은 어디서 만들어지는지 궁금할 정도로 많은 용어들이 난무한 실정이다. 본 교재에서는 이 세 가지 용어를 플릭으로 정의하고 서술하도록 한다.

플릭이라는 기술이 나오기 전까지 짧은 서브의 공격은 매우 어려운 일 이었다. 공이 짧으면 드라이브나 스트로크로 공을 쳐 올릴 수 없기 때문에 커트로 보낼 수밖에 없었다. 짧은 서브나 짧은 커트볼도 먼저 선제 공격할 수 있도록 개발한 기술이 이 플릭이라 할 수 있다. 플릭을 잘하는 선수들을 보면 테이블 위에서 회전을 주는데도 손목의 스냅을 이용해 드라이브 못지 않은 회전력이 나오기도 한다. 이 기술은 손목 사용을 최대 가용 범위로 사용하다보니 손목에 무리가 갈 수 있다. 선수들이 이 플릭을 할 때 손목부상이 가장 많이 오는 기술이다보니 손목에 무리가 가지 않도록 주의하는 것이 좋겠다. 플릭은 중국식 펜홀더 전형과 세이크 핸드 전형에서 사용할 수 있다.

백스윙

플릭의 백스윙은 라켓의 끝부분이 5시 부분을 바라보게 손목을 많이 꺾어 백스윙 한다. 이때 대체로 공이 짧기 때문에 공의 위치에 따라 한발이 1 스텝으로 들어가준다.

임팩트

플릭의 전체 스윙은 대문자 C를 그리며 올라가게 되는데 6시 방향에서 임팩트 하게 된다. 타구 느낌은 공을 회전을 주며 감아 올리는 느낌이다.

팔로우스루

마지막 라켓의 위치는 1시 방향이다. 감아있던 손목이 1시방향으로 풀어지는 방식이다.

백핸드 플릭

백스윙

포핸드 플릭 백스윙은 2시 방향이며 이때 오른발이 안으로 1스텝 들어가 준다.

임팩트

임팩트 위치는 2시 방향이다. 임팩트와 백스윙이 거의 동일한 위치라 보면 되겠다. 이때 손목을 사용하여 쳐 보내거나 스핀을 준다. 쳐서 보낼 때의 각도는 90°이며 스핀을 줘서 보낼때는 그보다 숙여진 각도이다.

팔로우스루

포핸드 플릭의 마지막 위치는 1시 방향이다. 포핸드 플릭은 백핸드 플릭보다 회전량이 적기 때문에 모션을 써서 상대를 속이는 것이 효과적이다.

포핸드 플릭

7. 로빙(lobbing)

탁구는 속도와 코스가 매우 중요한 종목이기 때문에 테이블에서 떨어지면 떨어질수록 그 범위가 넓어지고 체력소모가 클 수 있다. 따라서 본인의 전형과 신체에 맞는 포지션을 지키는게 중요하다 하겠다. 하지만 경기를 하다보면 상대의 공이 강력하고 코스가 깊어지다 보면 결국 떨어질 수 밖에 없는 상황이 생기기도 하는데 그럴 때 마지막 수단으로 사용되는 기술이 로빙이다. 상대가 강력하게 친 공을 떨어져서 아주 높이 띄워 보내는 기술이다. 이는 여러차례의 블로킹으로 막다 못해 최후의 수단으로 사용된다고 볼 수 있다. 선수들에게 찬스볼은 매우 치기 쉬운 공이지만 연속적인 로빙 기술이 들어오게 되면 선수들도 부담스럽게 생각할 수 있는 기술이 이 로빙이라 할 수 있다. 스매시를 3개 이상 연속적으로 치면 체력 소모가 빨라지고 그러다가 몇 번 안에 끝내지 못하면 상대의 역습이 기다리고 있기 때문에 심리적 압박도 수반하게 된다.

탁구 기술 중 가장 낮은 공이 무엇이냐 물으면 단연 커트라 대답할 것이고, 가장 높은 공이 무엇이냐 물으면 로빙이라 답할 수 있다. 일반적인 정점이 탁구대 위에서 한 뼘 높이 정도라면 이 로빙의 정점은 상대방의 어깨높이 이상이며 때에 따라서는 상대의 키높이를 훌쩍 넘길 수도, 드라이브처럼 회전을 줄 수도 있기 때문에 로빙에 능한 상대를 만나면 고전을 면하기 어렵다. 아무 이유없이 떨어져서 로빙을 띄우게 되면 플레이 자체에 큰 문제점으로 볼 수 있지만 그렇지 않다고 로빙을 잘 띄우는 것은 큰 재능이라 할 수 있다.

상대가 강하게 치는 공을 붙어서 방어하는 기술이 블로킹이었다면 로빙은 테이블에서 완전히 물러나 탁구대 후면 가까이 서서 하는 기술이다. 거의 펜스가 쳐 있는 끝쪽에 위치해야 강력한 스매시 공격을 받을 수 있다. 그 위치는 상대의 공격 강도에 따라 약하면 중 후진, 강하면 후진으로 위치하게 된다.

탁구의 대부분의 기술들은 정점에서 주로 공을 치는데 이 로빙은 정점에서 떨어지는 공을 아래서 위로 띄우는 방식의 스윙으로 공을 맞춘다. 그래야 공을 원하는 만큼 띄울 수 있기 때문이다.

로빙의 자세는 다음과 같다. 보폭은 평소보다 조금 넓은 스탠스[13]를 유지하며 자세는 낮추기 보다는 세워주는 느낌으로 시야와 양팔도 여유있게 벌려준다.

백스윙

포핸드 로빙의 백스윙은 허벅지 높이의 5시 방향으로 백스윙 한다. 이때 라켓의 각도는 90° 또는 그보다 조금 뒤로 눕혀져도 된다.
백핸드 로빙의 백스윙은 허벅지 높이의 7시 방향으로 백스윙 한다. 이때 라켓의 각도는 포핸드 로빙과 마찬가지로 90° 또는 그보다 조금 뒤로 눕혀도 된다.

임팩트

로빙의 임팩트 위치는 신장에 따라 다르겠지만 고관절 높이에서 임팩트 한다. 타구시 느낌은 공을 치는 느낌이 아닌 상대의 파워를 이용해 공을 띄워 보내는 방식이다. 이때 거리감을 조절하는 것이 포인트이다.

13 스탠스(stance): 탁구, 골프, 야구 등에서 공칠 때 두발의 위치나 벌린 폭

팔로우스루

포핸드 로빙의 마지막 라켓 위치는 1시 방향이다.
백핸드 로빙의 마지막 라켓 위치는 12시 방향이다.

블로킹으로 공을 컨트롤 할때처럼 로빙도 마찬가지로 상대의 공격 강도에 맞춰 힘 조절이 이루어져야 실수하지 않고 받을 수 있다. 여러차례 받는 연습을 하다보면 감각이 생기고 자신감이 생겼다면 드라이브처럼 회전을 주는 로빙 연습을 해도 좋다.

Chapter 05
탁구경기

Chapter 05

탁구경기

1. 경기방법

· 경기가 시작되기 전 심판 앞으로 와서 토스[1](toss)를 한다. 토스는 심판이 가지고 있는 tack을 던져 서브권을 결정하게 되는데 토스의 승자는 서브나 리시브, 코트 선택 중 택할 수 있는데 서브를 선택할 경우 상대는 리시브 및 엔드의 권리를 갖는다.

· 다음으로 상대와 주심[2], 부심[3]에게 악수를 청한다. 두 선수는 페어플레이를 심판은 공정한 진행을 하겠다라는 의미의 인사로 해석하면 된다. 이때 서로의 라켓과 러버를 확인할 수 있고 주심은 러버 두께가 규정상 맞게 부착이 되었는지 확인하기도 한다.

· 탁구 경기는 5전 3선승제로 진행된다. 각 게임은 11점을 먼저 획득한 선수가 승리하게 된다. 10:10 동점인 경우 이를 듀스[4](deuce)라 하는데 이때는 2점을 먼저 획득하는 선수가 승리하게 된다. 이때 서브는 1개씩 교대로 넣어야 한다.

· 탁구의 서브권은 듀스를 제외하고 무조건 2개씩 교대로 넣어야 한다.

1 토스(toss): 서브나 엔드를 결정하기 위하여 심판이 tack을 던져 올리는 것. 무엇을 결정하기 위한 동전 던지기
2 주심(umpire)은 경기를 진행하도록 임명된 사람을 말한다.
3 부심(assistant umpire): 주심의 결정을 보조하기 위해 임명된 사람을 말한다.
4 듀스(deuce): 승패를 결정하는 마지막 한점을 남겨놓고 동점을 이루는 일. 두점을 연달아 얻는 쪽이 이긴다.

· 한 게임이 끝날 때마다 코트를 바꾸어야 한다.

· 5게임 도중 어느 쪽이든 5점의 스코어를 획득하면 코트를 바꾸어야 한다.

· 타월링[5](toweling)은 6점마다 허용된다.

· 타임아웃[6](time out)은 상대방과 내가 각 1회만 사용할 수 있다. 선수나 코치는 심판에게 타임아웃 의사를 밝힌 시점부터 1분간의 시간이 주어진다.

· 경기가 종료되면 시작 때와 마찬가지로 상대와 심판에게 예를 갖추어 악수로 인사한다.

꼭 알아야할 탁구상식

탁구 경기는 7전 4선승제 또는 5전 3선승제로 경기가 진행된다. 그 경기방식은 대회의 규모에 따라 달라지며 가장 많이 쓰이는 경기방식은 5전 3선승제 이다.

2. 복식경기 방법

탁구의 복식경기 방법은 매우 까다롭다고 할 수 있다. 특히 탁구와 비슷한 구기종목인 배드민턴과 테니스의 경기방식이 혼재되어 잘못된 정보로 알고 있는 경우가 많다. 복잡한 경기방식이지만 몇 번의 게임을 거치면 자연스럽게 익힐 수 있다. 단식경기와 중복되는 부분은 제외하고 복식경기에서 추가되는 사항들은 다음과 같다.

1) 복식경기에서는 반드시 한번씩만 쳐야한다.

배드민턴과 테니스 종목은 복식에서 두 번까지 쳐도 룰에 어긋나지 않지만 탁구는 어떠한 상황에서도 한번씩 교대로 쳐야 하고 그렇지 않을때에는 실점 처리가 된다. 그래서 탁구 복식경기는 체력소모가 크다고 할 수 있다.

---

5 타월링(toweling): 땀을 닦는 것

6 타임아웃(time out): 선수나 코치가 작전 지시 또는 휴식을 위해 갖는 1분간의 시간

2) 복식경기 서브만큼은 코트에 제한을 둔다.

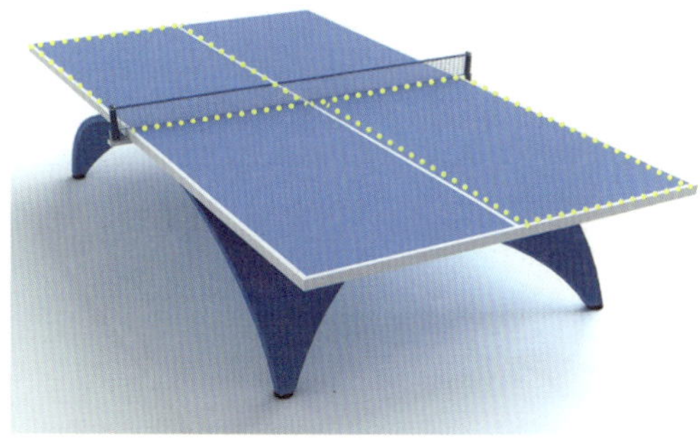

단식 서브의 경우 어느 위치에서 어떤 코스로 넣든 관계가 없었지만 복식은 정해진 룰이 있다. 그 범위는 포어 사이드(fore side)에서 포어 사이드로 대각선 범위 내로만 허용된다. 만약 서버의 서브가 가운데 센터라인을 넘겨 들어갔거나 센터라인에 공이 맞았을 경우 미스에 해당된다. 부심이 네트 가가까이에 서서 심판을 보는 경우가 있는데 복식경기 할 때 공이 센터라인을 넘기는지를 주의 깊게 살펴보기 위해서이다.

3) 서브와 리시브하는 순서가 정해져 있다.

ⒶⒷ와 ⓎⓏ 선수 네 명이 복식경기를 시작하려 할 때 심판은 tack을 이용해 승자에게 결정권을 주게 되는데 승자는 서빙, 리시빙, 엔드(코트 선택) 중 택할 수 있다. 만약 ⒶⒷ조가 서브를 선택하였고 그 중 Ⓐ선수가 서브를 하게 되었다고 한다면 리시브 받을 권리는 상대에게 있기 때문에 누가받을지를 정할 수 있다. 한마디로 서버를 정해주면 리시브 측에서도 알아서 리시버를 정해주는 방식이다. Ⓐ가 넣고 Ⓨ가 받겠다고 정하면 그 한 게임 동안은 그 선수의 공만 받게 된다. 서브권은 2개씩 단식과 같은 방법으로 진행되며 네 명의 선수가 순차적으로 서브를 하게 된다. 그 서브 순서는 Ⓐ→Ⓨ→Ⓑ→Ⓩ 순으로 진행된다.

한 게임이 끝나고 두 번째 경기가 시작되면 코트를 바꾸고 가장 처음 리시브 한 선수가 서브를 넣게된다.

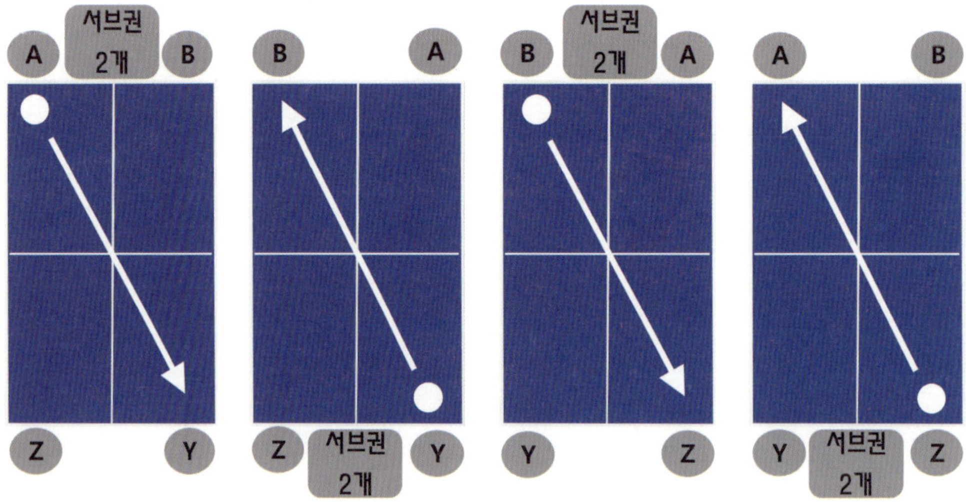

4) 복식경기에서는 한 게임이 끝날 때까지 한 사람 공만 받게 된다.

11점까지를 한 게임이라고 한다. 예를들어 첫 번째 게임에서 Ⓐ의 공을 Ⓨ가 받았다면 그 경기가 끝날 때까지 네명 모두 그 방식을 유지해야만 한다. 두 번째 경기에서는 첫 번째 경기때 받지않은 상대의 공을 받게된다. 잘못받게 되는 경우가 종종 있는데 잘못된 공을 받게된 것을 알게된 즉시 수정해야만 한다. 알게 된 시점 이전의 스코어는 무효처리 하지 않는다. 복식경기에서 이 부분을 아마추어들이 가장 많이 혼란스러워 한다.

3. 득점하는 방법

· 올바른 서브(올바른 서브규정)에 실패했을 때

· 올바른 리턴에 실패(노바운드)했을 때

· 친 공이 네트와 지주대 사이를 통과할 경우

· 공을 치기 전에 다른 것(신체, 옷)에 공이 닿았을 때

· 친 공이 코트에 닿지 않고 엔드라인 밖으로 나갔을 때

· 친 공이 네트를 넘기지 못했을 때

· 충족되지 않은 면(펜홀더 뒷면)으로 공을 쳤을 때

· 몸으로 탁구대를 밀어 이동되었을 때
· 몸과 라켓으로 네트어셈블리를 건드렸을 때
· 공을 치기 전 어느 쪽 손이든 양손이 탁구대 표면을 짚었을 때
· 서브가 네트에 맞고 밖으로 나가버렸을 때

4. 렛이 선언되는 경우

렛[7]이 선언되는 경우는 다음과 같다.

· 서브할 때 공이 네트에 맞고 들어간 경우
· 리시버가 준비되지 않은 상태에서 서브가 이루어 진 경우
· 서브가 리시버 코트에 바운드 된 뒤 네트방향(역방향)으로 다시 돌아왔을 경우
· 주심이나 부심에 의해 경기가 중단된 경우
· 서빙, 리시빙의 순서 또는 엔드의 잘못을 교정시키고자 할 경우
· 경기 촉진제를 적용하고자 멈추었을 경우
· 선수나 코치에게 경고나 패널티를 주고자 할 경우
· 랠리의 결과에 영향을 줄 정도로 경기 조건에 방해받았다고 판단되었을 경우

5. 애매한 경우

· 지주봉 옆으로 공이 돌아들어간 경우 ○

지주봉과 네트 사이로 공이 들어가 테이블로 들어간 경우는 실점처리되지만 지주봉을 우회하여 들어가는 것은 인정처리 된다.

7 렛(let): 랠리의 결과가 득점되지 않은 것을 말한다. 즉 무효를 말함

· 손가락 맞고 들어갔을 경우 ○

'공을 친다는 것(strike)'은 선수가 경기중에 손에 잡고 있는 라켓이나 라켓 핸드 손목아래 부분으로 공을 건드리는 것을 말한다. 즉 손목을 기준으로 그 아래는 맞고 들어가면 인정이되고 손목의 기준을 넘어 맞고 들어가면 실점처리 된다.

· 라켓에 경미하게라도 맞고 투터치로 들어가는 경우 ×

탁구는 공을 치기전 그 어떤것의 방해도 받으면 안된다.

탁구 지도법

Teaching Guidelines for Table Tennis

스포츠 지도사
구술시험 예상문제

» 경기공간에 대해 설명하시오.

경기공간의 크기는 길이 14m, 너비 7m, 높이 5m 이상이 되어야하며, 이 규격의 네 모퉁이는 펜스로 둘러싸듯이 막아야 한다.

조명의 밝기는 시합표면(탁구대)에서부터 측정한 조명의 밝기가 균일하게 1000룩스가 되어야 한다. 기타 대회에서 조명의 밝기는 최저 600룩스가 되어야 한다. 또 조명의 밝기는 균등해야 하며 경기장 외부의 밝기는 경기구역 내부의 최저 밝기보다 밝아서는 안된다. 조명기구는 바닥으로부터 최소 5m이상 높이에 있어야 한다.

» 탁구대 규격에 대해 설명하시오.

탁구대의 윗면 길이는 274cm, 너비는 152.5cm의 직사각형 모양이고 높이는 76cm로 수평면으로 놓여 있어야 한다.

탁구대의 표면은 재료에 있어 제한이 없으나 공인구를 30cm 높이에서 떨어뜨렸을 때 23cm 높이로 균일하게 튀어 올라야 한다.

표면은 무광의 균일한 어두운색으로 되어야 하며, 2.74m의 가장자리에 2cm 너비의 사이드 라인과 1.525m 가장자리 끝에 2cm 너비의 라인을 엔드라인이라고 한다. 테이블 중앙에는 3mm 너비의 센터라인이 있다. 이 엔드라인과 센터라인은 흰색으로 되어 있어야 한다.

» 네트어셈블리에 대해 설명하시오.

네트어셈블리는 네트, 지주, 지주봉, 죔쇠로 구성되어 있으며, 이 모든 구성을 네트어셈블리라고 칭한다. 네트의 가로는 152cm, 세로 15.25cm이다.

» 네트 어셈블리 외부 한계에 대해 설명하시오.

네트 어셈블리 수직봉의 외부한계는 사이드 라인으로부터 15. 25cm이다.

» 탁구공에 대해 설명하시오.

탁구공의 지름은 40mm이며 무게는 2.7g이다. 공의 재질은 플라스틱이어야 하며 무광의 흰색 또는 오렌지색이어야 한다. 셀룰로이드 공을 사용해오다 2015년부터 플라스틱 공을 사용하기 시작했다. 라지볼의 지름은 44mm이며 무게는 2.5g이다. 경식 공보다 가벼우며 식별하기 쉬운 오렌지색을 띄고 있다. 이 라지볼은 공의 회전수가 적고 그 속도가 빠르지 않아 노인들이 무리없이 즐길 수 있도록 개발된 공이다.

» 탁구라켓에 대해 설명하시오.

탁구 라켓은 블레이드(blade)라고도 부른다. 라켓의 크기나 모양 무게에는 제한이 없다.
블레이드 두께의 85%는 원목으로 되어 있어야 하며 내부는 합판, 카본, 유리 섬유와 같은 소재로 만들어 진다.

» 올바른 서브에 대해 설명하시오

1. 서버의 손바닥이 펼쳐진 상태여야 하며 공이 손바닥 가운데에 위치하도록 한다. 이때 공의 위치는 손끝에 위치해서도 아니되며, 손으로 공을 감싸도 안된다. 리시버에게 공의 2/3이상이 보여져야 한다.
2. 토스 시 프리핸드가 엔드라인 밖에서 공을 수직으로 16cm 이상을 띄워야 한다. 이때 띄우는 동작에 있어서 볼의 회전이 일어나지 않아야 한다. 회전이 일어나면 그것은 일명 주먹 서브에 해당한다. 또 방해물(신체의 일부, 옷)에 부딪히는 일 없이 공을 바로쳐야 한다. 과거에 비해 스카이 서브를 넣는 사람들이 많지 않아 그럴 확률은 적으나 토스한 공이 조명이나 벽에 맞고 공을 쳐도 서브 미스에 해당한다.
3. 공이 내려오면 서버는 공을 맞춰 자신의 코트에 먼저 맞춰 보내야 한다. 공은 네트를 넘어 리시버의 코트에 들어가야 한다. 예를들어 배드민턴이나 테니스 경기는 내 코트에 맞지 않고 서브하게 된다. 탁구 서브는 반드시 자신의 코트에 먼저 맞고 보내야 함을 명심해야 한다.
4. 복식경기에서는 단식과는 다르게 일부 코트에서만 서브가 허용된다. 오른쪽 하프코트 내에서만 서브가 이루어져야지 반대쪽 코트를 넘어가게 되면 미스에 해당된다.
5. 공을 토스 할때는 탁구대 위 높이에 손이 위치해야 하며, 공을 토스하는 손이 엔드라인 밖에 있어야 한다. 토스하는 손이 테이블 아래로 내려가거나 테이블 안으로 들어가서도 안된다.
6. 공을 토스한 손은 토스 한 뒤 바로 치워져야 한다. 핸드북에 의하면 '공과 네트 사이에 공간'은 그 어떤 것도 있어서는 안된다고 표기하였다. 그 이유는 서브 임팩트 순간이 온전히 리시버에게 보여야 하기 때문이다. 왼손이나 몸으로 임팩트 순간을 가리려 하는 선수들이 종종 있는데 그것은 리시버가 심판에게 이의를 제기할 수 있다. 이의를 제기하면 심판과 주심이 서버가 위배되는 행동을 하는지 유심히 살피고 위배되는 행동이 있을시 첫 번째는 경고를 주고 두 번째부터는 부정으로 간주하여 스코어를 넘기게 된다.
7. 선수의 신체적 장애가 있을때에는 예외를 두고 요건을 완화시켜 준다고 되어 있는데 그런 경우는 극히 드문 일로 필자 또한 경험한 적 없다. 한가지 가능성을 열어두고 생각을 해보면 요즘은 너무 일찍부터 탁구를 시작하기도 하는데 신체가 작은 초등부 이하 경기에서 신체가 너무 작으면 테이블 위에서 토스하기 어려울 수도 있을 것 같다는 생각이 든다. 또 사고나 재해로 인해 왼손이 잘 펴지지 않는다든지 재빨리 치워져야 하는데 그것이 원만하지 않을 때도 완화 요건이 되지 않을까 조심스럽게 생각을 해본다.

» 렛이 선언되는 경우에 대해 설명하시오.

· 서브할 때 공이 네트에 맞고 들어간 경우
· 리시버가 준비되지 않은 상태에서 서브가 이루어 진 경우

· 서브가 리시버 코트에 바운드 된 뒤 네트방향(역방향)으로 돌아왔을 경우
· 주심이나 부심에 의해 경기가 중단된 경우
· 서빙, 리시빙의 순서 또는 엔드의 잘못을 교정시키고자 할 경우
· 경기 촉진제를 적용하고자 멈추었을 경우
· 선수나 코치에게 경고나 패널티를 주고자 할 경우
· 랠리의 결과에 영향을 줄 정도로 경기 조건에 방해받았다고 판단되었을 경우

» 득점하는 방법에 대해 설명하시오.

· 올바른 서브(올바른 서브규정)에 실패했을 때
· 올바른 리턴에 실패(노바운드)했을 때
· 친 공이 네트와 지주대 사이를 통과할 경우
· 공을 치기 전에 다른 것(신체, 옷)에 공이 닿았을 때
· 친 공이 코트에 닿지 않고 엔드라인 밖으로 나갔을 때
· 친 공이 네트를 넘기지 못했을 때
· 충족되지 않은 면(펜홀더 뒷면)으로 공을 쳤을 때
· 몸으로 탁구대를 밀어 이동되었을 때
· 몸과 라켓으로 네트어셈블리를 건드렸을 때
· 공을 치기 전 어느 쪽 손이든 양손이 탁구대 표면을 짚었을 때
· 서브가 네트에 맞고 밖으로 나가버렸을 때

» 게임에 대해 설명하시오.

과거에 세트라 부르던 것을 현재는 게임이라 정의하고 사용하고 있다. 세트→게임
11점을 먼저 획득하는 선수가 그 게임을 이기게 된다. 10:10 상황에서는 2점 차가 나야 이길 수 있다.
5판 3선승제에서 3게임을 이겨야만 승리하게 된다.

» 매치에 대해 설명하시오.

매치는 홀수 게임으로 7전 4선승제 또는 5전 3선승제를 말한다.

» 서빙, 리시빙, 엔드에 대해 설명하시오.

경기를 시작하려 할 때 심판은 tack을 이용해 승자에게 결정권을 주게 되는데 승자는 서빙, 리시빙, 엔드(코트 선택) 중 택할 수 있다. 여기에서 tack은 앞뒤면의 색이 다른 동전을 뜻한다.

» 서빙, 리시빙, 엔드 순서의 오류시 방법에 대해 설명하시오.

순서에 맞지 않게 경기가 진행된 경우 주심은 즉시 경기를 중단하고 현재 점수에서 매치 초기에 정해진

순서로 경기를 재개한다. 복식은 서브권리를 갖은 조가 선택한 순서에 따라 경기가 재개된다.

» 듀스에 대해 설명하시오.

10:10 동점인 경우 이를 듀스라 하는데 이때는 2점을 먼저 획득하는 선수가 승리하게 된다. 이때 서브는 1개씩 교대로 넣어야 한다.

» 경기 촉진제에 대해 설명하시오.

경기촉진제도란 경기가 지연되는 것을 방지하기 위한 제도라 할 수 있다. 게임 시작 후 10분이 지나도 끝나지 않을 때 주심은 촉진룰을 적용시킬 수 있다. 또 시간에 관계없이 양쪽 선수(복식 포함)의 요청이 있을 때 가능하다.

양쪽의 점수 합이 18점이 되면 시행하지 않는다. 예 9:9, 10:8

10분이 되었다면 주심은 랠리를 중단시키고 중단된 랠리의 서버가 서브를 넣게 한다. 랠리중이 아니었다면 직전 랠리의 리시버가 서브를 넣게 하여 경기를 재개시킨다.

서브는 1포인트씩 넣게 된다. 리시브하는 쪽 선수가 13개의 리턴을 받아 넘기면 1포인트 획득하게 된다. 서버는 13구를 받아내기 전에 끝내야만 득점할 수 있다.

» 경기복장에 대해 설명하시오.

경기복장은 반소매, 민소매 셔츠, 반바지, 스커트, 원피스, 양말, 탁구화가 해당된다.

심판의 허가 없이는 이외의 다른 의복은 입을 수 없다.

모든 복장의 소매와 카라를 제외하고 나머지 부분은 공과 구분되는 색이어야 한다.

예: 흰색공 흰색셔츠, 주황공 주황셔츠×

선수번호는 셔츠 뒷면 중앙에 600cm² 이하 네모판 크기 안에 들어가야 한다.

셔츠의 뒤쪽에 선수 소속을 나타내는 번호와 문자를 부착할 수 있다. 광고를 부착할 수 있으나 그 위치는 카라 바로 밑에 부착해야 한다.

복장 정면의 표시나 선수가 착용하고 있는 악세사리가 상대 선수의 시야에 방해를 줄 정도로 눈에 띈다고나 반사되어서는 안된다.

대회의 품위를 손상시키거나 불쾌감을 유발할 수 있는 디자인이나 문자는 복장안에 넣지 않아야 한다.

단체전에 참가하는 같은 팀, 복식조로 참가하는 선수들은 동일한 복장을 착용해야 한다.

경기를 하는 양측의 선수는 관중이 쉽게 구분할 수 있도록 확연하게 구분되는 다른 색상의 셔츠를 입어야 한다. 어느쪽이 바꿔입어야 할지 합의가 되지 않을 때 주심의 추첨을 통해 결정된다.

» 라켓 컨트롤에 대해 설명하시오.

국제탁구연맹의 규정을 준수하는지를 확인하는 것. 라켓의 편평도, 라켓 커버링의 두께, 라켓층의 균일한 두께, 유해성 휘발 물질의 사용여부 등이 포함된다. 러버의 두께는 스펀지와 접착제를 포함하여

4mm를 초과할 수 없다. 이 라켓 컨트롤은 일반적으로 경기전에 주심이 시행하고 이 테스트에 통과하지 못한 라켓은 사용할 수 없다. 부득이한 이유로 경기전에 시행하지 못하였을 경우 경기후에 라켓검사를 실시한다.

» 도핑 컨트롤에 대해 설명하시오.

유스대회를 포함하여 국제대회에 참가하는 모든 선수들은 국제탁구연맹에 의해 대회 중 검사를 받아야 하며 선수가 속한 회원국 협회와 기관은 선수들이 참가하는 대회에서의 도핑검사에 대한 책임이 있다.

» 테이블 테니스 리뷰(TTR)에 대해 설명하시오.

경기중 내려진 심판의 판정에 대해 선수가 정확한 판정을 위해 재심을 요청한 경우 시행되며 재판정의 소지가 있는 장면을 리플레이하여 최종 판정은 TTR 담당 심판이 내린다.

» 연습에 대해 설명하시오.

경기를 시작하기 직전 시합할 탁구대에서 최대 2분 동안 연습을 할 수 있다. 정해진 시간에서 레프리의 허가가 있을 경우에만 연장할 수 있다. 비상 상황으로 시합이 중지된 경우, 손상된 라켓이나 공을 교체한 후 몇 차례의 연습 랠리를 허가해 줄 수 있다. 단, 의무 사항은 아니라는 점 참고 바란다.

» 인터벌에 대해 설명하시오.

인터벌은 휴식을 의미한다. 매치가 진행되는 동안 경기는 중단없이 진행되어야 한다. 게임과 게임 사이에는 최대 1분까지 인터벌이 허용된다.

게임이 시작되면 매 6점마다 타월링(땀닦기)을 할 수 있는 짧은 인터벌이 허용된다.

선수나 조 또는 팀은 매치가 진행되는 동안 최대 1분까지의 타임아웃을 요청할 수 있다.

타임아웃을 요청할 수 있는 사람은 선수, 조, 지정된 지도자가 요청할 수 있다.

타임아웃은 랠 리가 멈췄을 시에만 가능하며 손을 이용해 알파벳 "T"자를 만들어 보이면 된다. 단체전의 경우 연속적으로 매치에 출전해야 하는 선수의 요청이 있을시 최대 5분간의 인터벌을 허용한다.

선수가 얘기치 못한 사고로 인해 일시적으로 경기를 하지 못할 경우 레프리는 경기를 중지 시킬 수 있으나 어떤 경우에도 10분을 넘길 수 없다.

또 이미 경기전에 가지고 있던 또는 예상이 가능한던 기능장애와 스트레스 때문에 오는 기능장애에 대해서는 경기 중지를 허용하지 않는다. 경련 및 탈진 등 어떠한 것도 허용되지 않으나 단, 경기중 넘어져서 입은 부상과 같이 사고로 발생한 기능 장애에 대해서만 가능하다. 구역내에서 피를 흘린다면 경기는 재개되지 못한다.

선수들은 레프리의 허가가 있을 경우를 제외하고 매치가 진행되는 동안 경기구역 내 가까이 있어야 한다.

게임과 게임 사의의 휴식시간과 타임아웃이 시행되는 동안에는 경기구역으로부터 3m 이내에 있으면서 주심의 감독을 받아야 한다.

» 서브 규정 위반에 따른 벌칙에 대해 설명하시오.

주심/부심이 서브가 적법성에 의심이 될 때 일차적으로 경기를 중단시키고 서버에게 경고를 주게된다.경고 이후에도 같은 선수가 또는 같은 조 선수(복식의 경우)가 같은 방법을 재시도한다면 부정으로 간주하여 1점을 부여할 수 있다.

» 올림픽 단체전 경기 방식에 대해 설명하시오.

단체전은 5번 매치 중 3번을 먼저 이기는 쪽이 승리하는 방식이다.

(5단식)5전 3선승제
한팀은 3명의 선수로 구성되며 경기 순서는 다음과 같다.
1) A v X
2) B v Y
3) C v Z
4) A v Y
5) B v X
(4단식 1복식)5전 3선승제
한팀은 2, 3명 또는 4명의 선수로 구성되며 경기 순서는 다음과 같다.
1) A v X
2) B v Y
3) 복식
4) A v Y
5) B v X

» 복장 광고수에 대해 설명하시오.

전체 면적 24cm² 이하의 제조업체 상표, 심볼, 이름이 가능하다. 셔츠의 앞면과 옆면 어깨 부분에 구분되게 최대 6개까지 광고할 수 있으며 합친 면적이 600cm² 이내여야 한다.
그리고 앞면의 광고는 4개를 초과할 수 없다. 셔츠 뒷면의 광고는 2개를 초과할 수 없으며 전체면적이 400cm² 이하여야 한다. 반바지와 스커트의 앞면과 옆면에 하는 광고는 2개를 초과할 수 없으며 전체면적이 120cm² 이내여야 한다.
선수 등번호에 하는 광고는 전체 면적이 100cm² 이내여야 한다.
심판 복장에 하는 공고는 전체 면적을 40cm² 이하로 한다.

참고문헌

· 장은욱, 정연창, 한범연(2023). 인간은 어떻게 움직임을 배우는가. 코치라운드
· 정희준(2009). 스포츠 코리아 판타지. 개마고원
· 채윤원 외 공저 3(2018). 뉴만 Kinesiology 근육뼈대계통의 기능해부학 및 운동학 3편. ㈜범문에듀케이션
· 채한승(2011). 수업 에피소드 개발을 위한 탁구의 기원과 확산과정 연구. 한국체육교육학회지, 2011, 제16권 제1호, 115-131.

· 모델 | 엄재성(호남대학교)
조대연(순천향대학교)
김수진(전 서울시청)
박범근(전 대전광역시시설관리공단)

· 용품 | 하나 탁구용품